# L'UNIVERSITÉ
## QUESTIONS ET DÉFIS

**Comité de direction de la collection:**

Raymond Duchesne
Fernand Dumont
Jean Hamelin
Léo Jacques
Jean Proulx
Norman Ryan

**Diagnostic** réunit des ouvrages portant sur des questions de brûlante actualité et destinés au grand public. Les auteurs sont invités à y présenter un état de la question, à tenter de cerner le problème et à suggérer des éléments de solution ou des pistes de recherche, dans un langage simple, clair et direct.

**Diagnostic** veut informer, provoquer la réflexion, stimuler la recherche et aider le lecteur à se former une opinion éclairée.

# Laurent Laplante

# L'UNIVERSITÉ
## QUESTIONS ET DÉFIS

1988

**INSTITUT QUÉBÉCOIS DE RECHERCHE SUR LA CULTURE**

**Données de catalogage avant publication (Canada)**

Laplante, Laurent, 1934-

    L'université: questions et défis

    (Diagnostic; 8).
    Bibliogr.: p.

    ISBN 2-89224-120-0

1. Universités — Québec (Province). I. Institut québécois de recherche sur la culture. II. Titre. III. Collection.

LA417.5.L36 1988        378.714        C88-096627-0

Conception graphique de la couverture: Marc Duplain

ISBN: 2-89224-120-0
Dépôt légal: 4ᵉ trimestre 1988 — Bibliothèque nationale du Québec
© Tous droits réservés

Distribution:
Diffusion Prologue Inc.
2975, rue Sartelon, Ville Saint-Laurent
Québec, H4R 1E6 — (514) 332-5860

Institut québécois de recherche sur la culture
14, rue Haldimand, Québec, G1R 4N4 — (418) 643-4695

# Introduction

> «Nous voyons poindre l'ère
> qu'il faudra peut-être appeler
> *l'ère de la contestation des contestations»*.
> (Rapport Angers)

Nager ne signifie pas qu'on va traverser l'océan ou ne serait-ce que la Manche à la nage. Parler de l'université, ne serait-ce que dans sa version québécoise, cela ne signifie pas qu'on puisse tout en dire. Voilà une première précaution oratoire.

Une deuxième précaution consiste à souligner qu'il y a plusieurs universités. En effet, non seulement il y a des universités portant des noms différents, mais encore il y a, pour nous en tenir au Québec, des universités plus privées que d'autres, des universités de tradition anglophone et d'autres de tradition francophone, des universités anglophones et francophones qui doivent beaucoup à leur berceau religieux et des universités anglophones et francophones qui n'ont jamais connu de règle que laïque, etc. Ajoutons qu'à l'intérieur de chaque université il y a plusieurs universités: l'une, scientifique et tendue; une autre, plus attentive aux arts et moins fébrile; une autre encore, à cheval sur les intuitions et les statistiques; une autre encore...

*Les universités*

*Les universitaires*

Une troisième précaution consistera à convenir aussi qu'il existe une diversité d'universitaires: des géniaux, des scrupuleux, des répétitifs, des agités, des rentables, etc. Nul universitaire n'admettra d'ailleurs qu'il soit semblable à son savant confrère.

Parler de l'université québécoise et des universitaires du Québec en termes globaux constitue donc à la fois une aberration et une imprudence. Aucun universitaire ne voudra se reconnaître dans un portrait d'ensemble et les universitaires ne feront d'unanimité que dans le rejet de tout portrait. Les universités elles-mêmes se feront d'ailleurs un devoir de ne pas se reconnaître dans la description que l'on peut donner de leurs consoeurs. Si, d'aventure, une critique devait toucher la cible, on répliquera sans hésiter que tout a été corrigé depuis et que seuls les ignares l'ignorent.

*Pourquoi parler de l'université?*

Pourquoi, dès lors, s'aventurer malgré tout à parler de l'université québécoise? Tout simplement parce qu'il le faut. L'université est un élément trop important de notre présent et de notre avenir pour qu'on n'en surveille pas les orientations et les errances, les performances et les faiblesses. Elle peut faire la différence entre notre stagnation collective et notre essor. Elle coûte trop cher pour qu'on ne lui demande pas beaucoup. Elle fait l'objet de trop de convoitises pour qu'on laisse n'importe qui s'en emparer.

En somme, nul ne pourra jamais parler de l'université de façon parfaitement adéquate, mais il est quand même indispensable d'en parler. D'où la rédaction de cette plaquette. D'où la modestie et les craintes de l'auteur.

Il ne serait que juste, d'autre part, de mettre les critiques en perspective. Les difficultés que connaît l'université québécoise ressemblent dans nombre de cas à ce que vivent ou à ce qu'ont vécu récemment les universités d'autres pays. L'université québécoise a même droit à des circonstances atténuantes: elle n'en était souvent qu'à ses débuts lorsque des changements radicaux ont modifié le décor.

> Le Comité [Angers] considère que ce serait une erreur de ne pas tenir compte de l'extrême contrainte de temps imposée aux universités québécoises pour prendre en charge toutes les tâches qui leur ont été confiées (Partie II, p. 10).

Deux sources d'impressions et d'informations reçoivent dans la présente rédaction une attention particulière. D'une part, une série de conversations avec des universitaires. D'autre part, l'abondante documentation que possède le Québec sur les questions universitaires et, au premier chef, le matériel accumulé par la commission parlementaire québécoise de 1986 dans le cadre de sa «consultation générale dans le but d'évaluer les orientations et le cadre de financement du réseau universitaire québécois». À cela s'ajoutent évidemment les nombreuses informations qu'une vie de journaliste permet de recueillir sur l'activité universitaire. Mes propres expériences de chargé de cours dans plusieurs universités québécoises pendant une bonne vingtaine de sessions contribueront aussi, inévitablement, à colorer mes propos.

*Mes sources*

Dans le cas des conversations conduites avec des professeurs et des gestionnaires d'universités, strictement rien de ce texte, je l'espère, ne révélera l'identité de mes interlocuteurs. Étant donné que j'ai choisi librement mes vis-à-vis, étant donné que j'ai effectué un tri éminemment personnel et arbitraire dans leurs propos, étant donné aussi que plusieurs préfèrent ne pas dire sur la place publique tout ce qu'ils pensent de l'université québécoise, je porte seul la responsabilité des affirmations ici regroupées.

*Une certaine réserve*

Je suis quand même frappé du paradoxe suivant: comment se fait-il, dans ce monde universitaire où la notion de liberté d'opinion fleurit sur toutes les lèvres, que tant de gens m'aient encouragé à «secouer l'université», mais préféraient ne pas le faire eux-mêmes?

## QUELQUES CHIFFRES

| | |
|---|---:|
| **Nombre d'universités** | 7 (l'ensemble des constituantes de l'UQ comptent pour 1) |
| **Nombre d'étudiants inscrits au trimestre d'automne 1986** | |
| — premier cycle | 200 415 |
| — deuxième cycle | 28 041 |
| — troisième cycle | 5 464 |
| **Total** | **233 920** |
| **Personnel** | |
| — personnel de direction | 1 726 |
| — enseignants (sans les chargés de cours) | 7 163 |
| — professionnels | 2 397 |
| — personnel de soutien | 13 341 |
| **Total** | **24 627** |
| **Diplômes décernés (année civile 1986)** | |
| — baccalauréats | 23 625 |
| — maîtrises | 4 544 |
| — doctorats | 516 |
| — certificats et diplômes de premier et de deuxième cycles | 14 405 |
| **Total** | **43 090** |
| **Revenus des universités (en millions)** | |
| — gouvernement du Québec | 1 125,7 |
| — gouvernement du Canada | 140,7 |
| — droits de scolarité | 107,8 |
| — autres revenus | 236,5 |
| **Total** | **1 610,7** |
| **Dépenses de fonctionnement (en millions)** | |
| — salaires et avantages sociaux | 1 160,3 |
| — autres dépenses | 486,5 |
| **Total** | **1 646,8** |

*Source:* Ministère de l'Enseignement supérieur et de la Science, 1986-1987.

# *1*

# *L'ambivalence du premier coup d'oeil*

### *Une première perception de l'université*

Que l'on aime ou pas ce qu'elle produit, l'université constitue une référence pour tout le monde. Ceux qui l'ont fréquentée s'en vantent. Ceux qui ont fait leur apprentissage ailleurs que sur un campus disent: «Moi, je suis allé à l'université de la vie», ce qui équivaut sans doute à un hommage et contient peut-être un soupçon d'envie. Quant aux pédagogues qui essaient d'instruire les gens sans les rabattre vers les campus, ils baptisent leur tentative Télé-Université, Open University ou University Without Walls, ce qui est une autre façon de s'apparenter à l'université officielle, de se draper dans sa notoriété ou, du moins, de se situer par rapport à elle.

Un autre indice du prestige dont jouit l'université réside dans la générosité que lui montrent les grandes entreprises. Bien sûr, toutes les universités du Québec n'ont pas toujours à leur flanc les généreuses fondations ni les abondants budgets de recherche dont a souvent bénéficié l'Université McGill. On admettra quand même, à titre

*Une institution prestigieuse*

d'exemple, que l'Université Laval doit elle aussi avoir quelques alliés parmi les grands de ce monde pour avoir conduit jusqu'au niveau des 40 millions de dollars sa récente campagne de souscription. Pour que notre milieu investisse librement 40 millions de dollars dans une université qui reçoit déjà quelque 300 millions de dollars de fonds publics chaque année, il faut assurément que ce milieu en attende quelque chose d'important et en pense du bien!

Au risque d'en faire sursauter plusieurs, notons aussi qu'une institution doit être bien prestigieuse pour réussir à embaucher tous les chargés de cours qu'il lui faut tout en ne leur versant que des salaires dérisoires. La situation change quelque peu aujourd'hui parce que des chargés de cours quasi permanents la forcent à changer, mais le fait demeure: l'université québécoise n'a jamais, elle, éprouvé de difficulté à recruter des chargés de cours même parmi les meilleurs praticiens de toutes les disciplines. Pourtant, elle ne les a longtemps payés qu'environ 2 200 $ par session, ce qui ne devait pas changer grand-chose aux revenus de l'avocat ou du publicitaire. Concluons-en que les praticiens ne détestaient pas insérer dans leur curriculum vitae la mention «chargé de cours à l'université...» Qu'on passe maintenant à un «hénaurme» 3 300 $ ou 3 500 $ ne change rien au fond de l'observation.

Les groupes professionnels, eux aussi, rendent hommage à leur manière au prestige de l'université. La plupart, en effet, considèrent comme indispensable une formation universitaire et ceux qui n'en sont pas là sont souvent tentés d'exiger de leurs membres un diplôme de cet ordre.

*Le culte pour le diplôme*

Ce qui, pourtant, témoigne le plus éloquemment en faveur de l'université, c'est le culte que professe l'ensemble de nos sociétés pour le diplôme. L'employeur, gouvernemental ou privé, cherche toujours, dans toute offre de service qui lui parvient, quel diplôme possède le candidat ou la candidate. Certains, bien sûr, se piqueront de valoriser l'expérience plus que la formation scolaire, mais eux aussi noteront au passage les diplômes remis par des maisons d'enseignement. Or, dans la panoplie des diplômes qui servent de marche-pied vers l'emploi, le diplôme universitaire jouit d'un prestige inégalé. Le reste peut, dans un contexte particulier, paraître plus pertinent; rien ne vaut, en prestige pur, le diplôme universitaire.

On en est même venu graduellement à ne plus réserver les fonctions politiques importantes aux seules professions libérales: les autres diplômés universitaires ont ainsi rejoint les avocats et les médecins dans le cercle des «ministrables».

*...jusqu'en politique*

> Traditionnellement, le Québec possédait une sorte de gouvernement aristocratique qui s'alimentait à trois sources. Les professions libérales traditionnelles, celles de notaire, d'avocat, de médecin, alimentaient le cabinet provincial. [...] La deuxième source [...] étaient les clans familiaux. [...] L'aristocratie d'argent était la troisième source. Elle alimentait le cabinet en ministres d'expression anglaise. (Les cabinets provinciaux, 1867-1967, Jean Hamelin et Louise Beaudoin, dans Le personnel politique québécois, Boréal Express, 1972).

On peut observer aujourd'hui la diversification des diplômes dans nos députations. Au temps où Daniel Johnson triomphait de Jean Lesage, en 1966, l'Union nationale effectuait un virage vers le recrutement des enseignants; les avocats demeuraient nombreux dans la députation, mais ils devaient compter désormais avec les enseignants. Le Parti libéral de Robert Bourassa, du moins pendant la période de 1970 à 1976, maintint le même culte du diplôme, mais il mit un bémol sur la pédagogie et préféra les diplômes émis par les facultés d'administration. Lorsque le Parti québécois prit le pouvoir en 1976, bien des observateurs jugèrent que le Québec avait là le conseil des ministres «le plus instruit de toute notre histoire». On parla même d'un conseil des ministres totalisant «plus de 400 ans de scolarité», et sans doute s'agissait-il d'une sous-estimation! À son retour au pouvoir en 1985, Robert

Bourassa, une fois de plus, fit mine de s'entourer d'élus pragmatiques et portés aux décisions concrètes. Son conseil des ministres fit donc la part belle aux cadres supérieurs des banques et des grandes entreprises. Bourassa suivit quand même la tendance, d'une part, en privilégiant ceux des grands gestionnaires qui avaient une solide formation académique et, d'autre part, en intégrant lui aussi à son conseil des ministres plusieurs professeurs d'université.

Visiblement, le diplôme universitaire, au sens le plus large du terme, jouit aujourd'hui, jusqu'en politique, du prestige autrefois réservé aux seules professions libérales.

*Une crise dans l'institution*

À en croire ces indices, l'université québécoise pourrait donc se gargariser de ses succès et de son prestige. Tous, en effet, s'inclineraient devant ses diplômés et tous accepteraient de gaver l'institution de dollars et d'honneurs. Étonnamment, telle n'est pas la situation, même si de nombreux universitaires n'admettent pas facilement l'existence de sérieux problèmes et ne veulent même pas évoquer la possibilité d'une crise dans l'institution. Dans plusieurs cas, il est vrai, les universitaires observent et signalent l'existence d'une crise dans l'institution, mais ils réduisent aussitôt le tout à une question de sous-financement. Que le financement redevienne plus généreux et le tour sera joué. Des observateurs de l'extérieur, mais aussi plusieurs universitaires, sans nier les problèmes de sous-financement, se posent quant à eux des questions beaucoup plus acérées sur l'institution universitaire.

*Exigences supplémentaires et accès à la pratique*

Premier élément un peu bizarre, les diplômes universitaires ne paraissent pas toujours suffisants aux yeux des corporations professionnelles qui contrôlent le droit d'exercice. Ici et là, en effet, les corporations professionnelles posent des «conditions supplémentaires» avant d'autoriser la pratique professionnelle de celui ou de celle qui détient pourtant un diplôme universitaire. Toujours convaincus que l'université est parfaite, bien des universitaires expliqueront l'existence de ces «conditions supplémentaires» par l'égoïsme des professions et par leur désir de contingenter l'accès à la pratique.

---

**EXIGENCES SUPPLÉMENTAIRES DE CERTAINES PROFESSIONS AVANT D'ACCORDER LE DROIT D'EXERCER**
(au moment du rapport Angers, 1979)

*Exigent un stage ou un internat*
Administration, génie, médecine, ergothérapie, physiothérapie, pharmacie, urbanisme

*Exigent un examen de la corporation*
Agronomie, nursing, médecine vétérinaire, notariat

*Exigent un examen et un stage*
Architecture, barreau, sciences comptables

*Exigent un diplôme seulement*
Relations industrielles, médecine dentaire, nutrition, optométrie, psychologie, service social.

---

D'autre part, il devient courant dans diverses professions de soumettre les membres de la corporation à un recyclage constant. On ne tient plus pour acquit qu'un diplôme vaut à jamais et on astreint certains praticiens à des rafraîchissements périodiques de leurs connaissances. *Recyclage constant ou...*

Cela, dira-t-on, ne plaide pas contre l'université. Cela démontre tout simplement l'accélération de la recherche. On aura d'ailleurs en bonne partie raison.

Cette situation inspire pourtant trois remarques. En premier lieu, il arrive fréquemment que l'on confie le recyclage des praticiens non pas à l'université qui les a «formés» au départ, mais à d'autres praticiens dont on semble attendre plus et mieux. En deuxième lieu, on peut *...sociologue à jamais ou...*

s'étonner, surtout dans le domaine des sciences humaines, que le diplômé universitaire, qui est censé «avoir appris à apprendre» ne sache pas se garder à jour par ses propres soins, par ses propres lectures, par un programme personnel d'études et de recherches. En troisième lieu, on notera, à côté des diplômes universitaires dont on fait périodiquement le «rappel pour vérification», une multitude de diplômes qui semblent posséder encore les promesses de la vie éternelle: le sociologue est sociologue à jamais, le philosophe aussi... Constatons donc qu'un certain nombre de diplômes n'ont qu'une validité limitée, qu'un certain nombre n'attirent même pas ce type de question et qu'on fait rarement appel à l'université pour rajeunir ce qui doit l'être.

*...diplômés en séries*

Plus grave encore, l'université, dans plusieurs de ses facultés et de ses départements, en est à fabriquer des séries de diplômés qui, tous, porteront le même titre, mais qui n'auront pas grand-chose d'autre en commun. Dans certains cas, en effet, on a poussé si loin la formule de l'«université-cafétéria» que deux étudiants peuvent fort bien recevoir le même diplôme à la fin de leurs études tout en n'ayant que rarement absorbé le même contenu.

*Faire confiance au diplôme?*

Il en résulte une situation que beaucoup jugeront paradoxale et scandaleuse. D'une part, le public et les employeurs ne sauront jamais à quoi ils peuvent s'attendre en faisant confiance au diplôme. D'autre part, comme plusieurs corporations professionnelles interdisent toujours à leurs membres de recourir à la publicité pour faire connaître les contours exacts de leurs connaissances professionnelles, l'équivoque préparée par l'université-cafétéria sera entretenue et avalisée par la profession.

Le rapport coût/bénéfice, dans une époque aussi préoccupée que la nôtre du rendement des taxes et des impôts, ne peut manquer d'affleurer, lui aussi, dans le débat sur l'utilité de l'université. Même si l'on est tenté, devant le simplisme et l'arrogance de certains verdicts qui condamnent l'université pour stérilité et paresse avant même de l'entendre, il n'en demeure pas moins que l'université commettrait une erreur si elle se refusait à tout examen et à toute évaluation.

Bien d'autres éléments encore devraient à tout le moins susciter le questionnement. Par exemple, le fait que la réflexion universitaire sur l'éthique soit, dans presque tous les domaines, singulièrement courte. Certaines enclaves accordent évidemment à la dimension morale une grande importance, mais la plupart des cheminements universitaires conduisent au diplôme sans faire naître chez le futur praticien l'aptitude à au moins soupçonner l'existence de questions éthiques. On remarquera d'ailleurs que de nombreux scandales financiers ou politiques mettent en cause des personnes amplement pourvues de diplômes, mais dont la fibre morale n'a visiblement jamais été développée. Comme quoi, diront plusieurs analystes, l'université se fait du savoir une conception étroitement technicienne. Voilà la preuve, ajouteront-ils, que l'université abandonne à la société l'impossible tâche d'encadrer des gens bardés de diplômes et pourtant incapables de s'autodiscipliner.

*Où est l'éthique?*

> Les raisons de cette lacune sont nombreuses: rigidité des programmes, formation des professeurs, préparation des étudiants, contraintes budgétaires, réticences des professeurs à sacrifier une partie de leur matière au profit de cours d'éthique, pression exercée par le monde extérieur. Quelles que soient les causes, le résultat paraît certain: un étudiant peut facilement se préparer pendant trois ou quatre ans à l'exercice d'une profession sans jamais entendre parler dans ses cours des aspects éthiques et des implications sociales de cet exercice. Reconnaissons qu'il s'agit là d'une lacune majeure (Rapport Dion, 1979, p. 172).

Parmi les questions que posent les gens à propos de l'université, sans doute faut-il aussi évoquer celles qui touchent à la formation générale et à la culture. Nul ne

*Le diplômé: un être sectoriel*

conteste que l'université doive faire place à la spécialisation, mais beaucoup s'inquiètent en constatant que le diplômé universitaire est trop souvent un être sectoriel, un spécialiste de l'unidimensionnel, un technicien trop souvent incapable de «citoyenneté» et de polyvalence.

*Nécessité d'une évaluation*   Un simple coup d'oeil sur les critères d'évaluation auxquels sont soumis les professeurs achève de plonger certains observateurs dans l'ambivalence. Si, en effet, on valorise la recherche ou l'article dans une revue savante plus que les atouts pédagogiques, ne risque-t-on pas de mettre l'université au service non pas de la masse des étudiants, mais des deuxième et troisième cycles? Beaucoup d'universitaires monteront aussitôt aux barricades: il ne s'agit pas là, diront-ils, d'une dérive inconsciente, mais d'un choix délibéré. Si tel est le cas, ne faut-il pas le dire et ne faut-il pas en débattre? Dans l'état actuel des choses, l'université donne l'impression de se disperser dans divers rôles et de ne plus savoir quelle est sa mission essentielle. Son prestige, toujours réel et considérable, ne doit pas faire oublier la nécessité d'une exigeante évaluation.

# 2

# *Une mission en forme d'auberge espagnole*

Aussi étonnant que cela puisse paraître, tous, même dans le milieu universitaire, ne définissent pas de la même manière la mission de l'université. Le vocabulaire est instable, le contenu tout autant. Chacun voit l'université à travers sa lorgnette. Chacun la décrit d'après ce qu'il y a investi. D'où la tentation d'apparenter l'université à la célèbre auberge espagnole où chacun mange ce qu'il a apporté.

Dans ce climat, il est évidemment difficile d'obtenir de tous les universitaires une seule et unique définition de la *mission* de l'université. «Quot capita, tot sensus», selon le proverbe latin. On a le sentiment d'assister, encore à propos d'éducation, aux sempiternels débats sur le contenu de la formation générale ou sur la portée de la formation fondamentale, chacun choisissant le terme qui lui plaît le mieux et y versant évidemment le contenu de son choix. On demeure quand même surpris que des équivoques, peut-être compréhensibles mais déjà peu admissibles lorsqu'il s'agit de formation de base, subsistent à propos d'un

*Quelle est la mission de l'université?*

ordre d'enseignement qui couronne la pyramide éducative et dont font partie des milliers de nos meilleurs cerveaux.

Certains, assurément, diront: «Le vocabulaire importe peu, car, au fond, nous, les universitaires, savons fort précisément ce qu'est l'université et ce qu'il faut en attendre». D'autres, avec autant et plus de conviction et tout autant de diplômes, diront: «Il faut être bien naïf et fort peu universitaire pour penser qu'il soit possible et utile d'exiger de nous tous une parfaite orthodoxie de vocabulaire! C'est précisément la richesse de la réflexion universitaire et le signe d'une totale liberté académique que de coexister sans tous concevoir l'université d'une manière uniforme».

*Faute d'une description rigoureuse*

Fort bien. Que les universitaires reconnaissent cependant qu'une partie de leurs problèmes découle du flottement qui afflige non seulement le vocabulaire, mais aussi l'idée que les gens de l'extérieur peuvent, faute d'une description rigoureuse, se former de l'université. Comme dirait un Boileau retouché par le Conseil du trésor: «Ce qui se conçoit bien se finance aisément». Lorsque, par contre, chacun est libre de concevoir l'université comme une cafétéria, ou comme un simple rouage de l'économie, ou comme la courroie de transmission du savoir, ou comme le creuset des prochaines valeurs, ou comme un communauté intellectuelle, ou comme le lieu par excellence de la recherche fondamentale, les malentendus sont innombrables, les pressions plus nombreuses, les hésitations de l'État inévitables et les compressions budgétaires parfaitement incontournables...

*Commission parlementaire de 1986*

Or, la Commission parlementaire consacrée en 1986 au financement et à l'orientation des universités québécoises a fourni d'abondants exemples de ces flottements. Ainsi, le président de la CSN, Gérald Larose, d'entrée de jeu, explique comment sa centrale syndicale voit l'université:

> D'abord, pour nous, l'université doit être considérée comme un agent de développement économique, social, politique et culturel qui vise la démocratisation de la société québécoise. Une deuxième prémisse, l'université doit être autonome et indépendante dans sa fonction critique et de transformation face aux divers groupes d'intérêts dans la société québécoise. Troisièmement, l'université, c'est un service public qui doit être accessible à tous (Commission parlementaire sur l'Éducation (CE), p. 1270).

*La CSN*

Le deuxième vice-président de la Fédération nationale des enseignants et des enseignantes, Paul Jones, devait, quelques minutes plus tard, déployer ces trois prémisses:

*Fédération nationale des enseignants*

> Quels sont les nouveaux liens qui se tissent entre les universités et les entreprises et le marché du travail? L'université devient-elle un simple rouage de l'économie et du marché? Les performances de l'université se mesurent-elles simplement selon des critères économiques et à court terme? Selon leurs réponses à la demande du marché et à la division du travail?
>
> Que deviennent alors ses fonctions de démocratisation de la production et de la transmission de la connaissance? L'université abdique-t-elle sa fonction critique, sa fonction de transformation de la société, sa fonction de créativité pour devenir purement fonctionnelle pour d'anciens et de nouveaux intérêts? Que devient alors ce qu'on appelle l'autonomie de l'université? L'université est-elle encore un lieu où les débats sociaux sur les enjeux collectifs doivent prendre place et où les finalités de la recherche scientifique doivent être questionnées?
>
> S'il y a transformation des fonctions enseignement et recherche, quels sont les impacts sur les différents corps constitutifs de l'université? Comment se mesure maintenant leur performance, en fonction de quels critères? Quels sont les impacts sur les disciplines universitaires, leur place respective et leurs liens? (CE, p. 1276).

*Enseignement supérieur et Science*    En réponse, le ministre de l'Enseignement supérieur et de la Science, Claude Ryan, devait livrer une définition presque biologique de l'université:

> Je pense bien que la première caractéristique de l'université, c'est d'être une communauté de vie. On parle beaucoup de la fonction d'enseignement, de la fonction de recherche, de la fonction de services à la collectivité. Dès qu'on commence à parler de fonction, on risque de fonctionnaliser et on risque aussi de fonctionnariser. Je pense que les fonctions découlent de ce qu'est un organisme (CE, p. 1277).

*La CEQ*    Tout cela est fort intéressant, mais tout cela ne dit que fort peu de choses sur ce qui fait le *caractère distinctif de l'université*. Que l'université soit un organisme, soit, mais cela n'a rien de particulièrement spécifique. Que l'université doive être autonome, accessible et financée par les pouvoirs publics, peut-être est-ce, en effet, éminemment souhaitable, mais l'université n'est certes pas la seule à connaître ou à souhaiter un tel encadrement.

De son côté, la Centrale de l'enseignement du Québec (CEQ) définira, elle aussi, la mission de l'université comme une mission d'enseignement et de recherche, mais elle insistera surtout sur le caractère démocratique de cette double mission.

> Pour nous, l'université est un élément essentiel du système public de l'éducation qui se distingue des autres éléments par le niveau de son enseignement, par son apport propre à l'élaboration de nouveaux savoirs et par le rôle qu'elle doit assumer dans la diffusion démocratique des savoirs. L'Université doit donc faire de la recherche et de l'enseignement dans une perspective démocratique. Elle doit faire en sorte que ses recherches, aussi bien que son enseignement, soient orientées vers la satisfaction des besoins collectifs et non pas vers la réalisation d'intérêts privés ou des intérêts du pouvoir (CE, p. 1252).

*L'UQAT*    Le fait qu'une université soit établie en région ajoute à ces réflexions d'intéressantes et audacieuses variations.

Dans un style passablement sibyllin, l'Université du Québec en Abitibi-Témiscamingue (UQAT) disait, par exemple, ceci:

> La mission de notre université est dans son originalité d'être régionale. Lui enlever cette mission, c'est lui enlever sa raison d'être, la raison pour laquelle elle a été fondée (CE, p. 1332).

Dans un autre passage, la même université glissait tout aussi rapidement sur la nature exacte de sa mission pour en déployer, une fois de plus, les dimensions régionales.

> Érigée en constituante de l'université du Québec en 1983, l'UQAT a d'abord défini sa mission, ses orientations et ses axes prioritaires de développement à l'intérieur du réseau universitaire québécois. L'essentiel de sa mission de formation et de recherche se concentre autour du développement des ressources humaines lié à la mise en valeur des ressources naturelles et à la gestion de l'environnement sur les plans social, éducatif, culturel et économique dans un territoire, on s'en doute bien, caractérisé par sa situation géographique, sa nordicité, sa faible densité démographique et l'importance des ressources de la terre (CE, p. 1285).

Dans l'exposé de l'Université du Québec à Rimouski (UQAR), on sentira une préférence pour les activités d'enseignement et de recherche, mais aussi un certain glissement vers d'autres pôles. Voici comment hésite le porte-parole de l'UQAR face à une question sur la mission de développement régional: *L'UQAR*

> Notre hésitation et nos réticences viennent d'un certain nombre de motifs. Il y en a qui ont trait à la mission même de l'université. Est-ce que c'est dans la mission même de l'université de faire ce genre de choses? Et il y en a qui viennent des ressources, c'est-à-dire que, dans une période où on n'a pas ce qu'il faut pour faire l'essentiel, est-il raisonnable de faire plus que l'essentiel? [...] Notre stratégie de gestion de ressources humaines consiste à «prioriser» les fonctions d'enseignement et de recherche.

> Mais, lorsqu'on est en présence de professeurs qui, par goût, par aptitude, s'intéressent à des travaux plutôt reliés directement au développement des entreprises ou des organismes ou des milieux, nous les encourageons (CE, p. 1210).

*Une mission élargie*

Ainsi, même dans une institution qui penche du côté des tâches classiques de l'université, c'est-à-dire vers l'enseignement et la recherche, on peut aboutir à assurer «plus que l'essentiel» avant l'essentiel. Il suffit, pour que cela survienne, que l'institution laisse s'exprimer librement les penchants naturels de certains professeurs. Avant de blâmer la tendance centrifuge de ces professeurs, mieux vaut peut-être entendre le plaidoyer de l'institution elle-même en faveur d'une mission élargie:

> Selon nous, l'heure est au progrès, au développement accentué de la décentralisation et non à la marche arrière. L'UQAR est peut-être l'institution universitaire québécoise qui a le plus contribué à cet objectif puisqu'elle est aujourd'hui un produit de la décentralisation et en même temps un modèle de régionalisation. Voilà une très grande part de sa mission (CE, p. 1218).

*Confusion*

On pourrait continuer longuement sur ce ton et le sentiment de dispersion ne ferait que s'accentuer. Dans les cas les plus excentriques, au sens littéral du terme, l'université est invitée tout aussi bien à prendre en charge le développement régional et la relance des PME qu'à résoudre les énigmes techniques qui compliquent l'existence des industriels et même des multinationales. Même dans les cas les plus sympathiques, l'université est sollicitée par des besoins qui ne lui sont pas spécifiques et risque d'être déportée vers des tâches louables, mais situées hors de son champ d'action normal. Il y a, à cet égard, confusion, on l'a vu, entre la description de tâche du professeur et la mission universitaire, à tel point que la mission universitaire n'a pas toujours préséance sur les penchants individuels des professeurs.

De façon générale, auteurs de mémoire et élus, quand il est question de la mission de l'université, passent allègrement d'une expression et d'un contenu à l'autre. Il est question de «formation et recherche», d'«enseignement et recherche», de «services à la collectivité», sans qu'on sache jamais, d'une part, si tel élément constitue vraiment *la* mission de l'université ni si, d'autre part, on établit au moins un ordre de priorités entre les éléments. Il semble, à cet égard, qu'on n'ait guère progressé depuis le rapport Roy qui s'interrogeait en septembre 1968 sur «un projet de réforme pour l'Université Laval»:

*Rapport Roy*

> Au même moment, ses fonctions [celles de l'université] les plus traditionnelles et qui paraissaient les plus assurées sont assumées, pour une part grandissante, par d'autres institutions. L'université n'est plus le lieu primordial de la recherche scientifique: est-elle progressivement relayée, dans ce rôle, par l'entreprise et par l'État? Au surplus, pour beaucoup de recherches qui s'effectuent encore dans ses murs, son initiative a diminué: combien de projets sont d'abord définis de l'extérieur? Des observations semblables s'imposent en ce qui concerne l'enseignement. Des stages de formation se développent dans les grandes entreprises; des maisons étrangères à l'université créent de véritables cycles d'enseignement et on peut croire que ce mouvement va s'accentuer rapidement avec le prodigieux développement des techniques de communication. [...]
>
> Dans ce contexte, l'université a-t-elle encore une initiative propre? ou est-elle devenue simplement le lieu où jouent des influences et des déterminations disparates provenant du milieu ambiant?

Voilà donc une question fondamentale: quelle est la mission spécifique de l'université? Répondre qu'elle en a deux, trois ou quatre, ce n'est pas répondre, car cela ne

*Une mission spécifique*

fournit aucun critère pour procéder aux arbitrages toujours nécessaires entre les diverses fonctions de l'université. Dire que l'université reconnaît l'importance de l'enseignement, celle de la recherche, ou affirmer qu'elle peut beaucoup pour le développement régional, c'est donc rassurant, mais peu éclairant. La question vise à savoir *quelle est la mission première de l'université*, non pas ses diverses retombées ou ses multiples légitimités.

L'université, en effet, peut assumer plusieurs rôles, mais elle devrait n'avoir qu'une mission. Elle devrait d'ailleurs accepter d'être soutenue, blâmée, financée, mais surtout évaluée selon son aptitude à accomplir cette mission.

> Le développement des organisations universitaires s'est accompli de telle façon qu'une multitude d'objectifs sont venus se greffer sur les objectifs principaux d'une université. [...]
> Le contexte nouveau des relations entre le milieu et l'organisation universitaire devrait cependant amener à une interrogation sur la pertinence de certains des objectifs (Rapport Angers, partie II, p. 77).

*Formation d'une relève scientifique*

Or, la mission de l'université, son but premier, c'est de former la relève scientifique, c'est-à-dire une relève comprenant à la fois la prochaine génération de *maîtres* et de *chercheurs* et une large proportion des *cadres* dont la collectivité a besoin. L'université qui assurerait cette relève sans aider en quoi que ce soit au développement régional pourrait probablement mériter quand même des éloges. (L'exemple de Bishop's est patent à cet égard.) Non que le développement régional ne soit pas légitime ou souhaitable, mais parce que la formation de la relève scientifique doit, pour l'université, l'emporter sur toutes les autres fonctions ou utilités. L'articulation des autres objectifs de l'université doit même s'effectuer à partir de cette mission première.

> L'intuition première à l'origine de l'université et qui, à notre sens, peut encore inspirer son dynamisme — quelle

que soit la multiplicité des formes que puissent revêtir les missions qu'elle remplit dans les situations les plus diverses — correspond à une vision éminemment sociale. Celle-ci a trait à la maîtrise et au développement du savoir dans une société donnée; elle comporte, tout au moins dans son principe, la volonté que le potentiel scientifique acquière une dimension culturelle et soit destiné à l'épanouissement personnel et à la promotion collective (Rapport Angers, Comité de coordination, p. 20).

Heureusement, telle est bien la perception que se font de leur rôle certains dirigeants d'institutions universitaires. Il était rassurant, en tout cas, d'entendre le recteur de l'Université du Québec, Gilles Boulet, s'exprimer de la manière suivante devant la même commission parlementaire:

*Avenir du Québec*

> Nous parlons bien de l'avenir du Québec et des inquiétudes qu'il nous inspire, quand nous dénonçons la situation de sous-financement chronique dans laquelle la décennie qui s'achève a progressivement placé nos établissements (CE, p. 649).

Mieux vaut insister. Oui, l'université est un colossal entrepôt de connaissances, mais le but premier de l'institution n'est pas de grossir encore le stock de savoir. Le stockage de connaissances n'a en lui-même qu'une importance toute relative: il est un moyen, éminemment utile bien sûr, mais un moyen quand même par rapport à la formation de la relève scientifique. Même chose, en un sens, pour l'enseignement. Même chose pour la recherche. Même chose pour les publications savantes. Même chose pour les contributions ponctuelles offertes à la collectivité.

Sur ce dernier point, la *Carnegie Commission on Higher Education* a posé un diagnostic brutal. Elle proclame d'abord ceci: «Higher education is now heavily loaded with functions… We propose a search for greater cohesion». La commission Carnegie se prononce par la

*Commission Carnegie*

suite contre la prise en charge par les universités d'une «troisième fonction parallèle de services à la collectivité»:

> L'université est une institution de haut savoir et c'est contraire à sa mission de remplir des fonctions non directement liées à l'enseignement et à la recherche. Le danger est de faire de l'université une agence de service social. La solution est dans la création de centres de recherche-action distincts des universités au plan administratif et juridique, mais où les universités seraient libres de travailler (cité par le rapport Angers, Université et société québécoise, p. 56).

*Spécificité de l'université?*
Il s'agit, en somme, de dire clairement quelle est la spécificité de l'université. Pas ce qu'elle a en commun avec d'autres institutions, mais ce qui lui est propre. Ce n'est pas la recherche, car d'autres peuvent en faire de façon valable. Ce n'est pas l'entreposage des connaissances, puisque d'autres, comme les services gouvernementaux, stockent eux aussi des données de mille et un types. Ce n'est pas la publication d'articles scientifiques inédits, car ces articles peuvent provenir de diverses sources et non pas toujours de l'université. Ce n'est même pas l'enseignement au sens étroit du terme, car tous les enseignements n'ont pas autant que celui-là l'intention de rendre les étudiants intellectuellement autonomes et capables désormais de recherches autonomes. La spécificité de l'université? Répétons-le, c'est la formation d'une relève scientifique. Formation par l'enseignement, par la recherche, par les contacts avec les milieux scientifiques, c'est certain, mais en vue, d'abord et avant tout, de cette formation.

*Responsabilité fondamentale*
Reprenons, si l'on veut, le débat par l'autre bout et demandons-nous quelle est la fonction universitaire à laquelle nous serions prêts, si besoin était, à sacrifier toutes les autres. En d'autres termes, quelle est, dans l'ensemble des responsabilités qu'assume l'université, celle qu'elle seule peut continuer à assumer et que personne d'autre ne peut porter?

Il ne s'agira pas de la cueillette ni de la conservation du savoir. Elles sont passablement nombreuses, en effet, les institutions qui accumulent les connaissances. On peut penser ici aussi bien aux laboratoires d'IBM ou de Bell qu'aux musées ou aux grandes bibliothèques publiques. On admettra cependant que l'information recueillie ou mise au point par IBM ou par Bell a pour but non pas d'assurer la relève scientifique, mais plutôt de réjouir les actionnaires en leur révélant une rentable avance technologique de leur entreprise sur la concurrence. De même, le musée qui assure la conservation des oeuvres significatives ou qui aide une collectivité à comprendre son évolution recueille d'énormes quantités de savoir, mais sans se donner pour mission la préparation d'une relève scientifique.

Il se peut, c'est même certain, que tous ne soient pas d'accord pour ranger dans le même ordre l'ensemble des priorités universitaires. Certains voudront situer la recherche très tôt dans la liste, tandis que d'autres accorderont plus d'importance à une autre variable. Il est cependant difficile d'imaginer que la *fin ultime* de l'université se situe ailleurs que dans la formation d'une relève scientifique.

*La «fin ultime»*

Si le but premier de l'institution universitaire consiste à garantir à la société et même à l'humanité la présence et l'action d'une génération scientifique de remplacement, les conséquences, l'une après l'autre, devraient tomber en place. C'est, en effet, à partir de cette priorité essentielle qu'on recrutera le personnel enseignant, qu'on évaluera les performances, qu'on décidera des frais de scolarité, qu'on orientera la recherche, qu'on s'associera plus ou moins intimement à l'entreprise privée, qu'on créera ou qu'on supprimera des programmes...

*La liberté universitaire: c'est quoi?*

Ce travail de clarification permettra aussi, ce qui n'est pas négligeable, de définir ce qu'est et ce que n'est pas la fameuse liberté universitaire. À l'heure actuelle, en effet, ce principe sacré sert à toutes les sauces. Il couvre même, à l'occasion, une multitude de péchés. On brandit ce principe pour échapper à tout contrôle ou pour éviter toute coordination. Pourtant, cette indispensable liberté universitaire n'a elle-même de véritable légitimité que si elle contribue à la formation d'une relève scientifique. Cette liberté, en effet, est le droit de tout remettre en question à des fins de formation intellectuelle et pour des raisons intellectuelles, c'est-à-dire le droit (et le devoir) de préparer une nouvelle génération de scientifiques aptes à décoder les faits et à gérer le savoir.

# 3

## *L'enseignement serait-il seulement un mal nécessaire?*

Ce serait évidemment mal vu de le dire trop fort, mais l'enseignement, surtout au premier cycle, a pris pour trop d'universitaires l'allure et le poids d'un mal nécessaire. Même les rapports les plus officiels et les plus pudiques signalent à son sujet le manque d'enthousiasme de plusieurs professeurs. On admet qu'une université doive ouvrir ses portes à des étudiants, comme un hôpital, bon gré mal gré, accueille des malades, mais nombre d'universitaires considèrent l'enseignement comme le prix à payer, un prix d'après eux très élevé, pour obtenir et conserver le statut d'universitaires. Pas tous, bien sûr, mais un bon nombre.

Nuançons. Tous les types d'enseignement ne sont pas du même ordre. Au deuxième cycle, au troisième cycle, l'enseignement redevient ou peut, en tout cas, redevenir acceptable aux yeux de certains professeurs, car les classes nombreuses ne sont plus de règle, car les efforts pédagogiques sont moins requis, car les plans de cours et les fastidieuses corrections dévorent moins d'heures, car les évaluations par les étudiants n'ont plus de sens...

*D'une université*  *à l'autre*    Nuançons davantage. D'une université à l'autre, l'enseignement, semble-t-il, n'a pas toujours le même prestige. Ce prestige varie en outre d'une faculté, d'un module ou d'un département à l'autre. On le constate en lisant les conventions collectives ou en assistant à certains colloques.

— À Concordia ou à Polytechnique, par exemple, on fixe la charge d'enseignement à six cours par professeur par année, alors que la très grande majorité des autres universités considèrent quatre cours comme une norme acceptable.

— Dans plusieurs universités, la mention des fonctions principales de l'institution accorde systématiquement la préséance à la recherche sur l'enseignement. L'exemple de McGill est patent.

— Lors d'un récent colloque des cadres de l'Université du Québec au Château Mont-Sainte-Anne, une participante pouvait même affirmer, aux rires et aux applaudissements approbateurs des trois cents personnes présentes et sans que quiconque proteste même d'une moue: «En somme, les étudiants du premier cycle sont notre personnel de soutien». La formule, brutale et cruelle, semblait correspondre si bien à la réalité que tous et toutes s'y sont apparemment reconnus.

*Clivage social*    Un tel verdict signifiait visiblement, pour les personnes présentes, que leur université avait tendance à ne pas vivre en fonction des milliers d'étudiants et d'étudiantes du premier cycle, mais plutôt en fonction des deuxième et troisième étages de la pyramide académique. Divers témoignages allaient d'ailleurs dans le même sens: ce qui valorise l'enseignant universitaire, ce n'est certes pas sa performance pédagogique face aux publics étudiants du premier cycle.

Il se peut, reconnaissons-le, que les impressions soient trompeuses et que certaines formules, plus percutantes que révélatrices, induisent en erreur. Mieux vaut donc ajouter, si possible, des indices plus probants de cet état d'esprit et des preuves plus concluantes de ce qui a toutes les caractéristiques d'un clivage social à l'intérieur même de l'université. Malheureusement, ces indices et ces preuves ne manquent pas.

Une première observation est d'ordre quantitatif: une moitié de l'enseignement de premier cycle dans l'ensemble des universités québécoises relève non pas des professeurs réguliers, mais des chargés de cours. On nous dira sans doute qu'une telle situation ne découle pas d'une décision des professeurs, mais des mesquineries des gestionnaires. De fait, cette prolifération des professeurs bon marché révèle chez les institutions une évidente et simpliste volonté d'économie. Par contre, on ne fera croire à personne que les professeurs permanents se sont battus farouchement pour garder au moins les quatre cours par année qui leur servent de norme! Que les chargés de cours existent ou pas, les professeurs ont accepté, partout ou presque, de troquer une partie de leur charge d'enseignement contre des responsabilités administratives, contre des travaux de recherche supplémentaires, etc. L'inverse, que l'on sache, ne s'est guère présenté, c'est-à-dire qu'un professeur tienne assez à l'enseignement pour demander une charge de cinq ou six cours en raison du fait qu'il se sent peu porté à la recherche...

*Organisation ou désorganisation des tâches?*

Il se peut même que les statistiques disponibles — et qui font état d'une moyenne réelle de tout au plus 3,7 cours par professeur — soient elles-mêmes gonflées. En effet, devant la commission parlementaire, le syndicat des professeurs de l'Université du Québec à Chicoutimi a introduit sans crier gare un facteur d'«intensité» dans le calcul de la tâche d'enseignement. On partait du principe, créé, espérons-le, pour les besoins de la comparution, qu'un nombre d'étudiants supérieur de 20 % au ratio moyen augmentait la tâche d'enseignement du même pourcentage.

*La tâche d'enseignement*

> [...] la tâche d'enseignement, lorsqu'on prend seulement cette composante, ne se réduit pas à un temps de présence uniquement. Cela se réduit aussi à un facteur d'intensité, qui est le nombre d'étudiants. Il faudrait presque parler, à ce moment, d'une tâche en termes d'étudiants-crédits, en multipliant le nombre d'étudiants dans une classe et les trois crédits d'une activité d'enseignement. [...] C'est en fonction de ce critère qu'il est plus facile, qu'il est plus logique, je pense, de calculer la tâche d'enseignement, plutôt que simplement un nombre d'activités (CE, p. 1154).

Dans certains cas, mais pas toujours, oui, l'addition de dix ou vingt étudiants à un groupe peut compliquer la tâche de l'enseignant. On sursaute quand même en constatant que les chiffres, déjà peu impressionnants, qui concernent le nombre de cours moyen par professeur, contribuent peut-être, malgré tout, à déformer en l'enjolivant la description de la réalité.

Cette fameuse moyenne de quatre cours par année mériterait d'ailleurs une longue réflexion. Si, dans les faits, presque 10 % de la charge d'enseignement (0,3 cours sur une norme de 4 cours) est converti en autre chose, il convient d'examiner cette substitution et ce qui vient prendre la place de l'enseignement. Ou bien il s'agit de tâches administratives, ou bien il s'agit de travaux de recherches, ou bien on est en présence de contributions émérites à la collectivité, ou quoi encore!

Quelle que soit l'hypothèse retenue ou la combinaison d'hypothèses correspondant à la réalité, la réflexion peut prendre deux orientations. D'une part, si le professeur peut réduire son nombre de cours chaque fois qu'il s'adonne à une autre des activités universitaires, il faudra cesser d'affirmer que la norme de six heures de cours par semaine est trompeuse et ne révèle qu'une infime partie des tâches qui incombent à l'enseignant. En effet, ou bien les tâches s'additionnent et le total peut devenir impressionnant, ou bien, au contraire, les tâches se substituent les unes aux autres, au moins pour une part, et il devient plus difficile de se dire surchargé.

> [...] dans l'ensemble des établissements présentement, quelque 15 % des postes d'enseignants réguliers sont occupés par des enseignants en congé (congés de perfectionnement, congés sabbatiques, congés sans traitement) et *quelque 15 %, par des enseignants qui bénéficient de «dégrèvements administratifs»* (mon italique).
>
> [...] Finalement, pour conclure comme l'ont fait plusieurs des enseignants consultés, les tâches «administratives» occupent normalement un tiers du temps de travail d'un enseignant «moyen», consacrant une moyenne annuelle d'une quarantaine d'heures par semaine aux tâches à remplir dans l'université (Rapport Angers, partie II, p. 45).

*Les tâches administratives*

De toute évidence, il faudrait vérifier si la réduction moyenne de presque 10 % dans le nombre de cours effectivement donnés ne constitue pas un coût administratif nettement exorbitant. Passe pour l'encadrement des étudiants ou les travaux de recherche, mais pas pour des tâches purement administratives. S'il faut, en effet, regrouper au chapitre des dépenses d'administration ce que coûtent les gestionnaires dont c'est la tâche normale et y ajouter ce que coûte en frais administratifs un volume de 3, 5 ou 8 % du temps d'enseignement des professeurs, quelque chose ne va plus. Surtout si, comme le laissent entendre maints témoignages de professeurs, les tâches administratives viennent fausser le jeu des promotions et constituent en outre une perte de temps:

> — How do you move ahead? Be willing to accept an administrative post, the easiest and best way. [Also] you have to be visible to the people who are making the decision... so, of the three tasks, teaching is the least important, the least recognized in termes of promotion.
> — I think my colleagues on the whole are very hard-working people... (but) too much time (is) spent on unproductive committee work... there are people who live sitting on committees... (and force others to do the same) to spend endless hours chasing themselves around in a circle (Rapport Angers, partie II, p. 135-136).

*Évaluation de la pédagogie*

La question de l'enseignement peut et, d'après le public, doit être abordée sous un autre angle encore: celui de l'évaluation de la pédagogie.

Les professeurs d'université, on le sait, se disent les personnes les plus évaluées du monde (ce qui fait sourire les gens de la radio et de la télévision qui subissent au moins quatre fois par année, sur la place publique en sus, l'évaluation du BBM qui influe sur la cessation ou la continuation de leur emploi).

> [...] le chercheur, vous le savez, est très évalué; il est évalué par les pairs d'une façon continue. Les subventions de recherche sont toujours des subventions à court terme: deux ans, trois ans; les subventions d'équipe: cinq ans. Et, tout de suite, on repasse à l'évaluation. A-t-il atteint les objectifs? Ses hypothèses de travail sont-elles nouvelles? L'originalité est-elle bien définie? La pertinence des travaux au plan social, au plan économique? Le chercheur est toujours évalué, évalué au plan national et international (CE, p. 1499).

Il se peut, en effet, que l'évaluation des professeurs d'université suive des processus exigeants et précis pour plusieurs des activités rattachées au statut de professeur d'université, mais peut-on sérieusement affirmer que l'*enseignement* soit soumis à une évaluation systématique? Il est permis d'en douter. Autant, en effet, le professeur d'université peut sembler soumis à l'évaluation dès lors qu'il agit comme chercheur, autant, dans plusieurs universités, il échappe à tout questionnement lorsqu'il s'adonne à cette banale activité dont tous, c'est bien connu, sont capables: l'enseignement...

Certaines universités, il est vrai, semblent soupçonner qu'une évaluation proprement pédagogique est nécessaire. Pas toutes, cependant. C'est ainsi qu'à l'UQAM et à l'UQTR j'ai fait l'objet, pour le meilleur et pour le pire, d'une évaluation de mon enseignement. Dans le plupart des autres cas, même si, par exemple, Laval me confiait 285 étudiants et étudiantes (ce qui, j'imagine, devait modifier à la hausse le fameux ratio professeur/étudiants), il n'y avait d'évaluation que si j'insistais auprès de mes «victimes» pour que l'opération ait lieu.

La conclusion, malheureusement, coule de source: l'enseignement ne fait l'objet d'évaluation que si quelqu'un, parfois l'université elle-même, juge nécessaire d'en vérifier certains aspects. Évalué, paraît-il, sous toutes ses faces, l'enseignant universitaire semble bien n'être évalué pour sa performance proprement pédagogique que de façon, au mieux, occasionnelle. Pourtant, d'excellents instruments d'évaluation des professeurs existent, dont le meilleur fut longtemps PERPE (Perceptions étudiantes de la relation professeur-étudiants). Il faut n'en rien savoir pour continuer à répéter avec simplisme que «la qualité pédagogique ne s'évalue pas!».

*Un instrument d'évaluation: le PERPE*

Ne donnons pas le feu vert au rouleau compresseur, mais admettons ceci: de toutes les tâches dont le professeur d'université est censé s'acquitter, celle de pédagogue est, très probablement, celle dont il se dispense le plus volontiers. Celle aussi qu'on valorise de moins en moins à mesure qu'on escalade la pyramide universitaire. Celle, enfin, qui est examinée et évaluée le moins souvent.

---

La compétence pédagogique d'un professeur demeure pourtant l'un des vecteurs majeurs dans la formation d'une relève scientifique. À tel point que l'université doit, dès qu'elle prend conscience de sa mission, tenir le plus grand compte de cette «compétence pédagogique» lorsqu'elle embauche ses professeurs. Les maîtrises? Les doctorats? Importants, c'est évident, mais pas plus que l'aptitude à rejoindre, à enflammer, à mobiliser.

*Compétence pédagogique*

On s'étonnerait d'avoir à ressasser semblables évidences si la tendance québécoise au pendule excessif n'était pas si bien connue. Nous demeurons, en effet, notoirement et étrangement prisonniers, comme peut-être bien d'autres peuples sans mémoire, de notre propension à sauter d'un extrême à l'autre. Si, par exemple, nos écoles normales poussaient trop loin le culte de la pédagogie et négligeaient la compétence sectorielle, la génération suivante a présumé, avec une naïveté au moins égale, que le détenteur d'un doctorat était forcément imbu de la grâce pédagogique. On attend donc encore dans nos universités cette génération réaliste et équilibrée qui dira ceci: «Je tiens à la fois à vos connaissances spécialisées et à votre talent de pédagogue».

*Virage majeur*  Valoriser le rôle de la pédagogie dans l'évaluation des professeurs et dans la formation des étudiants du premier cycle, ce serait déjà un virage majeur. Et inédit.

# 4

## *L'hommage à la recherche est-il surtout verbal?*

L'université, qui est déjà éloquente quand elle parle d'enseignement, devient dithyrambique quand elle évoque la recherche. À croire que tous les professeurs n'ont qu'elle en tête et que tous les gestionnaires s'exténuent pour lui consacrer des fonds supplémentaires. À l'examen, on constate pourtant que la recherche tant vantée n'est pas toujours facile à circonscrire ni surtout à évaluer. Un observateur simplement alerte aura, dans ce contexte, quelque raison de s'interroger: se pourrait-il que les constantes références à la recherche servent surtout de prétextes pour accroître la liberté de mouvement du professeur?

Si l'on écoute ce qu'ont à dire de la recherche universitaire les gens qui s'y intéressent, mais de l'extérieur de l'institution, divers courants se dessinent. Ainsi, certaines personnes, dont le rapport Gobeil se fait l'écho, souhaitent l'instauration d'un «guichet unique», sorte de lieu et de mécanisme d'où émaneraient tous les financements et toutes les subventions. On lit sans peine dans un tel voeu un désir de coordination et de contrôle. D'autre part, beaucoup d'entreprises et même d'organismes subventionnaires aiment bien pénétrer dans l'université par la recherche de leur choix. Ils localisent les professeurs et les chercheurs qui leur conviennent, délimitent avec eux le champ à explorer et ne s'engagent qu'à condition de toujours garder un oeil et peut-être une certaine emprise sur l'évolution du projet. Heureusement, on trouve aussi en grand nombre les personnes et les groupes qui s'intéressent à la recherche universitaire avec infiniment plus d'altruisme. Cette catégorie d'observateurs souhaite que la recherche universitaire soit considérable, significative et libre. Considérable, car elle féconde l'enseignement et crée dans toute l'université un climat intellectuellement stimulant et exigeant. Significative, car seule la recherche universitaire peut contrebalancer des recherches plus mercantiles ou moins orientées vers le mieux-être de l'humanité. Libre, car il serait redoutable que, par université interposée, des forces occultes interviennent dans la formation de la relève.

À l'intérieur de l'université, on retrouvera aisément des tendances analogues. Certaines personnes, surtout parmi les gestionnaires, souhaiteraient sans doute plus de coordination et de planification, de manière à mieux équilibrer, à mieux évaluer, à accroître l'efficacité. D'autres, en revanche, s'accommodent fort bien d'une atomisation des initiatives. D'autres, enfin, se montrent exigeants et critiques à l'égard de la recherche universitaire tout bonnement parce qu'ils en attendent beaucoup.

*L'ACFAS*  Sur ce thème, l'Association canadienne-française pour l'avancement des sciences (ACFAS) présentait des vues fort nuancées à la commission parlementaire de 1986:

> [...] le réseau universitaire est évidemment, d'abord, la machine à produire les chercheurs. C'est très clair que c'est la machine qui produit les chercheurs de demain. C'est aussi le lieu privilégié de la recherche. Il est très clair que l'université n'a pas le monopole de la recherche,

mais elle est un lieu très important de production de recherche et, en fait, la recherche y est un peu oubliée, occultée. Je dirais que, si on avait organisé l'enseignement à l'université de façon aussi floue qu'on a organisé la recherche, on ne saurait pas tout à fait quand se donnent les cours, quels programmes existent et on n'aurait peut-être pas un enseignement qui est particulièrement efficace. On assume que les universitaires font de la recherche, mais c'est très rarement défini très clairement dans leur charge de travail, c'est rarement précisé de façon assez précise pour qu'on puisse voir exactement de quoi il en retourne et c'est rarement évalué, ce qui fait que la recherche a pris un rôle fantôme à l'intérieur des travaux des universitaires (CE, p. 1494).

Qu'on ne s'y trompe pourtant pas: oui, l'ACFAS souhaite une clarification du statut de chercheur à l'université et elle veut que l'on précise le travail de recherche qui est attendu de l'université. Mais, en revanche, l'ACFAS s'oppose farouchement à ce qu'on force tous les chercheurs à se tourner vers un guichet unique. *Statut de chercheur*

> L'infrastructure qu'il nous faut en recherche est une infrastructure qui doit être riche, mais qui doit aussi être plurielle parce qu'elle servirait mal autrement une communauté, un capital humain qu'il nous semble important non seulement d'améliorer, mais de préserver. Notre impression est qu'il y a danger que l'infrastructure de recherche soit oubliée; qu'on s'imagine qu'il peut y avoir une sorte d'«immaculée conception de la recherche»; que cela va se passer de toute manière sans qu'on sache pourquoi; que cela arrive sans qu'on ait à s'en occuper (CE, p. 1494).

Il ne s'agit visiblement pas d'un problème nouveau. Dès 1968, le rapport Roy disait, en effet: *Autres activités*

> Bien sûr, l'enseignement et la recherche sont les activités premières du professeur d'université. Mais, en réalité, d'autres activités occupent une part importante de son temps: la direction des étudiants, la participation à des

comités pédagogiques, les tâches administratives, les travaux para-universitaires. Certaines de ces activités sont évaluées officiellement, comme l'enseignement, la participation à l'administration; malheureusement, d'autres, comme la direction des étudiants, ne sont généralement mesurées ou inscrites nulle part. *Quant à la recherche, elle est entièrement laissée à l'initiative du professeur* (CE, p. 136). (Mon italique)

*Dresser un bilan de la recherche*

Si le rapport Roy se montre gentil et peut-être excessivement gentil quant à l'évaluation de l'enseignement, son verdict sur la difficulté de dresser un bilan de la recherche universitaire est à la fois fondé et sans appel: on tient pour acquit que les universitaires poursuivent des travaux de recherche, mais on ne sait que peu de choses sur l'identité des chercheurs et sur leurs objectifs ou sur l'ampleur et le cheminement de leurs efforts. En somme, même parmi ceux qui professent le plus grand respect pour la recherche universitaire, on entretient des doutes sérieux quant à la mobilisation réelle de l'ensemble des enseignants.

Les conséquences d'un tel flou sont multiples. Puisqu'une des variables importantes dans la charge de travail du professeur échappe en bonne partie à l'examen, il devient hasardeux d'affirmer que tous les professeurs ont une tâche raisonnablement semblable, même sur le plan purement quantitatif. Si, comme c'est le cas, la recherche bénéficie quand même du préjugé favorable, le risque grandit que d'autres éléments de la tâche professorale, comme l'enseignement, soient défavorisés au bénéfice de la recherche, sans pourtant que celle-ci rende des comptes. Suffirait-il donc qu'un professeur se dise en état de recherche pour qu'on lui aménage un horaire allégé sans pourtant lui demander ce qu'il cherche? L'inquiétude est loin d'être totalement injustifiée. Encore là, il est vrai, certains auront tôt fait de ranger la recherche universitaire, elle aussi, parmi les réalités évidentes, mais difficiles à évaluer.

Le risque suscité par ce flou prend une autre forme encore. En l'absence d'encadrement et de balises, comment peut-on être assuré que l'université n'est pas entraînée, par le biais de recherches subventionnées de l'extérieur, vers des travaux fort peu compatibles avec la dignité et l'autonomie de la recherche universitaire? Ne doit-on pas redouter que les chercheurs et que les institutions universitaires, surtout dans des périodes de compressions budgétaires, préfèrent la recherche plus immédiatement rentable? Le ministre de l'Enseignement supérieur et de la Science évoquait d'ailleurs clairement ces risques lors de la comparution de l'Institut Armand-Frappier devant la commission parlementaire vouée à l'examen des orientations et du financement des universités québécoises:

> [...] j'ai posé cette question tantôt en songeant aux problèmes qui ont surgi dans plusieurs universités américaines avec la commercialisation de certaines découvertes scientifiques. À un moment donné, les chercheurs eux-mêmes sont emballés par les possibilités illimitées que peuvent présenter leurs découvertes. Ils sont induits à créer des entreprises à caractère commercial qui finissent par s'installer sur des campus, à jouir de tous les avantages qui sont inhérents à la nature d'un campus et, en même temps, à garder pour eux-mêmes dans toute la mesure du possible les avantages qui découlent de la commercialisation de leurs découvertes. Ce n'est pas un phénomène nouveau. Ce n'est pas un phénomène dont on n'a pas lieu de s'inquiéter, parce qu'il a existé à bien des endroits (CE, p. 1361).

D'autres questions encore portent sur ce secteur de la recherche. Par exemple, autant l'unanimité est manifeste quant à l'importance primordiale de la recherche au deuxième et au troisième cycle, autant les avis diffèrent quant à la place exacte que peut ou doit occuper la recherche au premier cycle. Tous, en effet, souhaitent que l'université comprenne assez de recherche et de chercheurs pour que tout le climat universitaire s'en ressente. Au-delà de cette convergence de vues, les avis se disper-

*La recherche au 1$^{er}$ cycle, aux 2$^e$ et 3$^e$ cycles*

sent. Certains veulent concentrer l'effort du premier cycle sur la transmission du savoir et sur le développement de certaines habiletés fondamentales et n'accordent donc qu'une importance très limitée à la recherche que peut mener ce premier cycle. D'autres considèrent que la recherche fait partie intégrante du métier de professeur d'université et ne conçoivent donc pas qu'un professeur, même au premier cycle, puisse enseigner sans constamment se ressourcer par la recherche. D'autres, qui protestent de leur respect pour la recherche que peut mener le premier cycle, considèrent cependant que tous les professeurs ne sont pas également équipés pour la recherche ou tentés par ce genre de travail. Ils veulent donc que le premier cycle soit actif dans la recherche, mais ils invitent à moduler la tâche du professeur selon les aptitudes et les aspirations de chacun. Comme toutes et chacune de ces théories trouvent une application tantôt dans une, tantôt dans une autre des universités québécoises, on imagine sans peine à quelles difficultés on se heurte si l'on prétend évaluer la part de la recherche dans la charge de travail du professeur type ou si l'on souhaite prendre une vue d'ensemble de la recherche universitaire au Québec. Au total, on sait donc peu de choses de la situation concrète et on ne s'entend même pas sur la situation qui devrait exister.

*«Moduler» la tâche du professeur*

Cette notion de *modulation* qu'on vient d'évoquer mérite qu'on s'y attarde. En effet, plusieurs des mémoires présentés à la Commission parlementaire se sont exprimés comme si le terme et la chose étaient connus de tous, ce qui n'est peut-être pas si certain! On entendait visiblement par là la possibilité de ne pas définir la tâche d'un professeur d'une manière parfaitement uniforme. Tous les professeurs auraient à porter à peu près le même «fardeau», mais tous ne consacreraient pas la même proportion de leurs énergies à la recherche ou à l'enseignement ou aux tâches administratives. La modulation, ce «passage d'un tonalité à une autre conformément aux règles de l'harmonie», permettrait de jouer avec le poids relatif des diverses composantes de la tâche sans changer le total.

L'opposition de plusieurs à toute modulation de la tâche professorale ne peut manquer de surprendre. Bien sûr, on peut se tracer une image du professeur idéal et la doter de toutes les vertus: pédagogie dynamique et attentive, curiosité scientifique sans cesse en éveil, goût et don de la collégialité, etc. Le réalisme devrait pourtant inciter à observer la distance entre la théorie et la pratique, entre l'idéal et le concret. Tous les professeurs, en effet, ne sauraient avoir à un même degré chacun des talents désirables de la part d'un enseignant universitaire. Dès lors, rejeter toute modulation de la tâche du professeur ne conduit-il pas ou bien à une réglementation coercitive et stérile ou bien à un maquillage hypocrite et tout aussi stérile de la réalité?

Un premier élément devrait sauter aux yeux: l'âge des chercheurs influe, semble-t-il, et peut-être de façon sectorielle, sur la fécondité de la recherche. D'une part, en effet, ce sont fréquemment les jeunes chercheurs qui effectuent la part majeure des découvertes significatives. D'autre part, il n'est pas dit que cette «règle» s'applique avec la même rigueur dans tous les secteurs du savoir.

*L'âge des chercheurs influe*

> [...] si nous devons aller vers une augmentation de la charge d'enseignement, quel que soit le pourcentage que l'on devra fixer, on devra y introduire la modulation, non pas l'étiquetage en ce qui a trait à l'embauche, mais la modulation, en respectant les secteurs et en respectant, je dirais, l'être humain dans son évolution. Lorsqu'on parle de la recherche et des sciences exactes, on a besoin de chercheurs récemment formés qui connaissent la nouvelle technologie et qui sont prêts à relever des défis, des défis qui coûtent cher et des défis qui demandent de l'énergie. Lorsqu'on parle du secteur des sciences humaines et des sciences sociales, on a besoin de quelqu'un qui a un certain recul et une certaine expérience de la vie, qui est capable d'intégrer et de faire des synthèses. On ne retrouve pas cette capacité, au plan humain, à 25 ans. Donc, on ne pourra pas moduler la charge de professeur d'université, selon les secteurs, de la même façon (CE, ACFAS, p. 1502).

*Les chargés de cours, le 1ᵉʳ cycle, la recherche?*

Un autre élément pose l'hypothèse de la modulation de façon plus concrète encore: la présence massive de chargés de cours au premier cycle. Qu'on les apprécie ou non, qu'on les considère comme une simple mesure d'économie ou comme un précieux apport d'air frais, les chargés de cours assument, à peu près partout dans les universités québécoises, une bonne moitié des cours dispensés au premier cycle. Or, ces chargés de cours, même si on simplifie injustement les choses en les situant complètement à l'extérieur du champ de la recherche, ne peuvent pas en être, dans le contexte actuel, le fer de lance. Ceci entraîne comme conséquence saine ou regrettable qu'une moitié de l'enseignement universitaire de premier cycle dissocie, de fait, enseignement et recherche. Si l'on veut, à propos de la seconde moitié de cet enseignement, tenir farouchement à la thèse d'un mariage indissoluble entre enseignement et recherche, on devra alors admettre que 50 % des cours offerts ne sont pas convenablement irrigués par la recherche... (Je reviendrai tantôt sur ces questions de charge de travail et de modulation.)

*Les frais indirects*

Peut-être faudrait-il inclure dans la liste des bizarreries que vivent les universités québécoises le fait que les frais indirects de la recherche ne soient pas toujours assumés par les organismes subventionnaires. Tout aussi intéressant est le fait que les universités se plaignent amèrement de la situation, mais se fendent en quatre pour obtenir année après année ces contrats de dupes. En un sens, il est tout à l'honneur des universités québécoises qu'elles poussent le respect de la recherche jusqu'à accepter des «commandes» qui les endettent davantage. En un autre sens, cependant, il est permis de se demander si l'université québécoise ne réduirait pas sensiblement ces frais indirects si elle définissait elle-même les objets de sa recherche au lieu de laisser les commanditaires définir les projets.

Autant d'interrogations qui semblent indiquer que la recherche, si vantée en milieu universitaire, n'est pas aussi intégrée à ce milieu que le veut un certain discours. D'ailleurs, l'évaluation faite de cette recherche semble porter beaucoup plus sur les projets commandités de l'extérieur que sur cette recherche quotidienne à laquelle tout bon professeur doit théoriquement s'adonner.

*La recherche: intégrée ou non?*

Une façon d'y voir clair ne serait-elle pas de préciser et de renforcer les liens entre l'enseignement et la recherche? De définir, en d'autres termes, une recherche qui soit plus «éducative» et donc plus proche de la mission première de l'université? Ce n'est pas impensable et ce n'est peut-être pas si bête.

*Préciser et renforcer les liens*

Qu'on nous comprenne bien cependant. Ramener l'université à sa vocation première, rappeler que l'université a pour mission fondamentale de préparer la prochaine génération de scientifiques, cela n'entraîne aucunement comme conséquence que l'université doive renoncer à la recherche. La recherche universitaire doit simplement ne pas adopter aveuglément les mêmes caractéristiques que la recherche pratiquée dans les laboratoires privés ou gouvernementaux, mais plutôt servir des fins éducatives. À cette condition, la recherche universitaire, qui obtient et mérite déjà plus de respect qu'il y a dix ou vingt ans, mériterait de recevoir un traitement encore meilleur.

*Servir des fins éducatives*

[...] Erich Jantsch affirme que les centres de «recherche universitaire» qui réussissent le mieux sont précisément ceux qui sont axés sur l'enseignement. «Quand on parle ici de fonction éducative, ajoute-t-il, son but devra être de plus en plus de développer la capacité créatrice des étudiants plutôt que leur perfectionnement technologique, bien que les deux ne s'opposent pas forcément... Il va de soi que si la pertinence de la recherche à la fonction d'éducation constitue le critère de base des activités de recherche, on aboutira à des schèmes tout différents de ceux que donnent les groupes de pression» (Rapport Angers, partie II, p. 36).

S'il en allait ainsi, concluait d'ailleurs le rapport Angers, «on assisterait alors à une réorientation quasi spontanée de certains secteurs de la recherche de base, comme de l'enseignement».

*Un instrument de formation ou de rentabilité?*

Les risques de dérapage de la recherche universitaire sont cependant nombreux. Certains observateurs, même parmi les plus au fait des fécondités de la recherche, le reconnaissent d'emblée. C'est le cas de Robert Girard, secrétaire adjoint de l'Ordre des ingénieurs: «La qualité de l'enseignement universitaire est éminemment tributaire de la recherche» (CE, p. 862). D'autres, au contraire, comme le président de la Chambre de commerce et d'industrie du Québec métropolitain, avaient vite fait à l'époque d'exiger de la recherche universitaire non pas une contribution directe à la formation des jeunes scientifiques, mais une rentabilité: «Notre chambre de commerce soutient que la recherche universitaire est rentable. Elle reconnaît que la relance économique et industrielle passe par la recherche et qu'il est nécessaire de faire participer l'université aux aspects à long terme du développement technologique» (CE, p. 873). Ainsi, les valeurs sont inversées: la recherche universitaire n'est plus, dans cette perspective, un instrument de formation; la recherche devient, dans un contexte de formation ou ailleurs, un chemin privilégié vers la rentabilité.

*Une menace*

De telles inversions ont vite fait de créer, puis d'entretenir les malentendus. Alors qu'une recherche orientée vers la formation des prochaines générations peut et doit occuper une place de choix dans les priorités universitaires, la recherche servilement docile aux volontés et même aux caprices de l'industrie constitue une menace pour toute l'activité universitaire. Bien sûr, une université réglera bon nombre de ses problèmes budgétaires si elle mobilise contre espèces sonnantes ses professeurs, ses étudiants et ses laboratoires pour des projets industriels à rendement immédiat. On peut redouter, cependant, que de telles complicités entre l'université et l'entreprise privée détournent l'université de sa mission essentielle. Pas toujours, ni fatalement, mais souvent.

Est-ce à dire que toute connivence entre la recherche universitaire et les besoins des entreprises soit dangereuse? Certes pas. L'essentiel est de s'assurer que l'université, en acceptant telle commandite ou même en choisissant de creuser tel problème plutôt que tel autre, sache intégrer à ses priorités la recherche qu'on lui suggère ou pour laquelle on la paie.

# 5

## «Liberté, liberté, que de crimes...»

On ne peut parler de l'université sans faire face tôt ou tard à la notion de liberté et d'autonomie de l'institution et de ses professeurs. Le rapport Dion (1979) incluait d'ailleurs cette notion parmi les éléments essentiels de la finalité universitaire:

> L'autonomie que l'on a, dans le passé, revendiquée et que l'on revendique toujours pour l'université, loin d'être un mot creux, est apparue et continue à apparaître comme une valeur bien réelle. L'expérience montre que c'est dans la poursuite la plus libre possible du savoir que les sociétés assurent le mieux le perfectionnement des maîtres et la formation des étudiants (p. 14 et 15).

On tombe volontiers d'accord avec une telle affirmation. Des difficultés surgiront cependant lorsque les différents groupes qui composent l'université voudront tirer des conclusions pratiques (et avantageuses) de cette liberté. Il faudra jauger les diverses pressions. Précisons-le tout de suite: *s'inquiéter des corollaires que peut entraîner la liberté universitaire n'équivaut pas du tout à regretter cette liberté.* Comme la liberté de la presse, la liberté

*Une conquête de la démocratie*

universitaire constitue l'une des plus admirables conquêtes de la démocratie; ce n'est point la rejeter que de lui rappeler ses objectifs de départ.

*«Turbulences idéologiques»*

À la réflexion et surtout à l'usage, il s'avère que la liberté soit une force puissamment centrifuge. Entendons par là que les organisations qui misent sur la liberté, qu'il s'agisse de partis politiques ou de groupes de pression plus modestes, s'exposent à vivre en «pièces détachées» et à traverser, plus souvent en tout cas que les organisations monolithiques ou autoritaires, des périodes ou des zones de schisme ou de turbulence idéologique. Puisqu'elle parie délibérément et constamment sur les vertus de la liberté, l'université, on ne s'en surprendra pas, attire les marginaux, les imprévisibles, les créateurs et donc un fort pourcentage des nuques rebelles. Jusque-là, tout est normal, logique et même glorieux, bien que ce soit aussi inconfortable.

Le problème surgit si l'université convertit son respect des libertés en allergie à la décision. Accueillir toutes les tendances, c'est une chose; conclure, parce que toutes les tendances occupent une place dans l'espace universitaire, que «tout vaut pareil», voilà qui est différent. C'est peut-être là, cependant, que réside la principale difficulté de nos universités: elles ne consentent plus à trancher, elles ne veulent plus départager le fondamental et l'accessoire, elles confondent le respect des différences avec la tolérance tous azimuts et la tolérance avec l'aboulie.

*Le «syndrome du consensus»*

Nombre d'universitaires québécois décrivent leur institution comme une assemblée durement touchée par le *syndrome du consensus* et leur diagnostic semble étrangement juste. En effet, il semble bien que l'université, prisonnière de son idéologie d'accueil et de tolérance, héritière aussi, dans plusieurs de ses incarnations québécoises, d'une tutelle cléricale qui dispensait tout le monde de prendre quelque risque que ce soit, en soit venue à ne plus vouloir choisir et peut-être même à ne plus *pouvoir* choisir. L'université n'aurait donc plus d'autre capacité que celle de juxtaposer les cours et de les aligner, sans la moindre hiérarchie, sans la moindre affirmation du fondamental, les uns à côté des autres. Au nom de quoi devrait-elle, puisqu'elle se conçoit comme le lieu où tous les systèmes idéologiques peuvent se faire valoir, retenir certaines philosophies et en rejeter d'autres? Au nom de quoi pourrait-elle ranger certains cours parmi les préalables incontournables alors que les autres ne seraient que d'aimables propositions?

Il n'y a décision, à l'université, que s'il y a consensus. Or, le milieu universitaire se prête aussi peu et aussi mal que possible au consensus. Ne pourrait-on pas, dira l'observateur sensé, puisque la démocratie est faite de décisions majoritaires plus que de consensus, demander aux innombrables comités universitaires de voter, de dégager la tendance majoritaire et donc de décider? Sans doute le faudrait-il. Malheureusement, l'université préfère la règle naïve et, somme toute, peu démocratique, du consensus. Tous, ainsi, jouissent du droit de veto, le nivellement se fait vers le bas et rien ne se décide.

Étrangement, surtout dans certaines universités francophones du Québec, cette vision anarchique de la liberté universitaire a contribué à la fois à surspécialiser plusieurs programmes et à faire pourtant disparaître les caractéristiques usuelles d'un programme. *Multiplication des programmes et des cours*

En effet, la liberté excessive laissée à chaque professeur a souvent pour effet de priver les étudiants d'un corpus cohérent: chaque professeur déploie son cours comme il l'entend sans trop se préoccuper de ce qu'enseignent ses collègues. L'étudiant reçoit ainsi une série de pièces détachées et ne parvient guère à voir comment elles pourraient composer un tout. C'est la notion même de programme qui est évacuée. Car un programme n'est pas une simple liste. Il est un ensemble cohérent. Il est, plus *Absence d'un corpus cohérent* encore, un *cheminement* proposé à l'étudiant et que les professeurs peuvent et doivent éclairer et justifier.

On imagine sans peine que, dans un tel contexte, les programmes (qui n'en sont plus) et surtout les cours auront tendance à proliférer sans limite et sans jamais constituer un cheminement.

*Spécialisation prématurée et excessive*

Par ailleurs, la liberté universitaire ainsi conçue est peut-être responsable, au moins en partie, de l'importance excessive prise par les cours d'une seule discipline à l'intérieur de chaque programme. Le rapport Dion (1979) estime que l'Université Laval est particulièrement affligée de ce mal:

[...la situation] comporte les traits suivants:

**1.** Il n'existe pas d'objectifs généraux de formation universitaire auxquels correspondrait un certain nombre d'activités permettant à l'étudiant de parfaire une culture humaniste et scientifique fondamentale.
**2.** Il existe très rarement un tronc commun d'activités propres à assurer à l'étudiant une formation fondamentale dans le domaine où se situe la spécialisation.
**3.** La presque totalité du programme est consacrée à la spécialisation dans une discipline particulière (p. 170).

Bien sûr, cette conception plutôt anarchique de la liberté universitaire n'est pas la seule variable qui explique à la fois la multiplication des programmes et des cours, l'absence d'un corpus cohérent dans un grand nombre de programmes et la spécialisation prématurée et excessive que subissent trop d'étudiants du premier cycle. Les étudiants eux-mêmes exercent, en effet, leur part de pressions pour que leurs cours se spécialisent davantage encore. En effet, même là où les étudiants ont la latitude d'élargir leurs horizons et leur culture en suivant quelques cours en dehors de leur discipline préférée, la plupart d'entre eux préfèrent «accroître leurs chances de succès» en ajoutant plutôt des cours rattachés à leur champ de concentration. Ce n'est pas, constatons-le au passage, la première génération d'étudiants qui se fait ainsi une image passablement étriquée du genre de formation qui sera utile plus tard! Ce qui est nouveau, c'est que les institutions se plient d'aussi bonne grâce à des plaidoyers juvéniles un peu affolés et dont des éducateurs de carrière devraient percevoir les limites.

> Sans doute, le Règlement du premier cycle [à Laval] permet-il que des cours se rattachent au champ d'études où se situe la discipline elle-même, mais il n'en fait aucune obligation et ne fixe à cet égard aucune norme, ce qui laisse entière latitude aux comités de programme. Or, le plus souvent, ces comités correspondent aux départements, lesquels regroupent les spécialistes dans une discipline donnée. Le résultat est inévitable: la plupart des programmes de baccalauréat à l'université Laval sont conçus uniquement en fonction de l'objectif de la spécialisation (Rapport Dion, p. 175).

Mais, dira-t-on, nos universités québécoises n'ont-elles donc pas de plan? Ne sont-elles pas conscientes du glissement vers l'émiettement des connaissances? Bien sûr, mais tout se passe comme si personne ne voulait ni ne pouvait donner un coup de barre. Le culte du consensus engendre, en effet, un principe qui joue à fond: celui du «plus petit dérangement mutuel». Au nom de ce que, répétons-le, un certain milieu universitaire considère comme la démocratie, on attend pour conclure et donc pour bouger que se soit lentement formé un consensus. Une nouvelle et bizarre logique impose alors sa loi. Puisqu'on ne vote pas, puisqu'on ne tente pas de savoir ce que veut la majorité, puisqu'on s'efforce seulement de déceler ou de susciter le consensus de tous les participants, le seul consensus qui soit possible sera celui qui dérangera le moins. Les conséquences sautent aux yeux: l'émiettement des connaissances, la surspécialisation, mais aussi l'obésité bureaucratique.

*Pourquoi ne pas demander à la majorité?*

*Lourdeur administrative*

De même, en effet, que le système judiciaire souffre vite de lenteur, sinon de paralysie, quand les avocats se renvoient systématiquement l'ascenseur et s'accordent indéfiniment des remises au nom du savoir-vivre, de même l'appareil universitaire devient d'une extrême lourdeur administrative dès que les cours, les programmes, les départements sont convertis en lieux ou en enjeux de coexistence pacifique et de négociations corporatives. Or, c'est le cas. Si tel professeur souhaite modifier son cours dans telle direction, ses collègues lui accordent de le faire, à condition, soit dit et entendu sans qu'on ait à le dire, que ce professeur asquiesce poliment lui aussi lorsque ses confrères proposeront à leur tour telle ou telle modification.

> Les **bonnes manières** consistent, par exemple, à éviter de dire les choses brutalement, de nommer ceux dont on parle... Les bonnes manières mènent finalement aux textes ampoulés, sibyllins et à peu près inutilisables et inutiles (Rapport Angers, partie I, p. 49).

Ainsi s'édifie la tour de Babel, tout simplement parce que nul n'exige, n'élabore ni n'applique un plan directeur avant de bénir les particularismes. Ainsi, la liberté universitaire engendre non pas, comme il le faudrait, le culte du vrai savoir, mais un sens aigu de la survie! Le savoir ne progresse guère; les «savants», eux, beaucoup.

> Il est douteux que l'on puisse encore longtemps couvrir par le huis clos, par le langage diplomatique et des consensus de surface, des déchirements qui pourtant font de plus en plus la manchette des journaux et du petit écran (*Ibid.*, p. 83).

## DÉCLARATION DE PRINCIPE
## SUR LA LIBERTÉ UNIVERSITAIRE

**1.** L'université est un lieu privilégié que se donne une société pour l'élaboration, la transmission et la remise en question des connaissances. Cette oeuvre d'intelligence a ses règles propres et doit être libre de toute autre contrainte. La plupart des pays reconnaissent d'ailleurs à l'université un droit à l'autonomie afin de la préserver contre les tentatives d'ingérence indue d'autres corps sociaux — corporations, églises, polices ou gouvernements, etc.

**2.** L'accomplissement du mandat social de l'université requiert l'indépendance d'esprit de ceux qui en ont la charge, particulièrement des professeurs. Dans cet esprit, la liberté universitaire est le droit essentiel du professeur d'accomplir ses tâches d'enseignant, de chercheur et de participant à l'élaboration des politiques universitaires sans être assujetti à des menaces, censures ou représailles institutionnelles et ce, quels que soient sa philosophie ou son style de vie.

**3.** Ce droit, corrélatif au devoir de travailler à l'avancement du savoir et au bien-être de la société, assure l'avantage de jugements honnêtes et d'opinions indépendantes qui risqueraient d'être gardés sous silence, sans l'immunité qu'il comporte. Il permet la critique des doctrines, dogmes et opinions, tout aussi bien que des règles et opinions de l'université et des associations de professeurs et est compatible avec l'engagement fondé sur une quête sévère et rigoureuse du savoir.

**4.** Des manquements graves dans l'exercice de ses tâches professorales peuvent entraîner des sanctions à l'endroit du professeur ou sa destitution. Il revient à la communauté universitaire d'établir les mécanismes d'évaluation et de destitution des professeurs. Ces procédures sont des moyens d'assurer la qualité de la vie universitaire, en protégeant l'exercice de la liberté universitaire. Ces procédures doivent être préalablement établies et être appliquées selon des normes claires et équitables conformes aux règles de justice fondamentale.

> **5.** La liberté universitaire se distingue du droit à la liberté d'opinion garantie par les chartes des droits et libertés. Le professeur se trouve en effet dans une situation particulière: comme dans le cas du magistrat, il relève de sa tâche d'exprimer ses opinions et le professeur doit donc pouvoir le faire sans crainte de représailles.
>
> **6.** La liberté universitaire s'applique à toute personne qui exerce dans une université une tâche d'élaboration ou de diffusion du savoir.
>
> *(Texte adopté par l'instance suprême de la FAPUQ en mai 1988.)*

*De quoi s'étonner?*

À lire le texte consacré à la liberté universitaire par la Fédération des associations de professeurs des universités du Québec, on se demande en tout cas de quoi il faudrait s'étonner le plus. De ce que la FAPUQ ait attendu autant avant de pondre une déclaration de principe sur le thème de la liberté universitaire? De ce que le texte qui a enfin vu le jour définisse la liberté universitaire de façon aussi peu exigeante pour les enseignants? De ce que les droits soient tous du côté des enseignants et les responsabilités du côté de la société? De ce que les professeurs soient parvenus à définir la liberté universitaire et leurs droits professionnels sans que surgisse une seule fois le terme d'«étudiant»? On ne sait. Chose certaine, les droits des enseignants sont plus affirmés que leurs responsabilités. Si des devoirs surgissent, au détour d'une phrase, ils ne sont là que pour justifier et légitimer un autre bond en avant des droits professoraux.

*Les professeurs: LE mécanisme essentiel*

Que les professeurs soient *le* mécanisme essentiel de la fécondité universitaire, personne ne le niera. On peut, en effet, comme toutes les enquêtes l'ont admis avec une certaine gêne, rédiger un rapport complet sur le rôle de l'université sans jamais évoquer le rôle du personnel de soutien, mais on ne saurait écrire une page au sujet de l'université sans mentionner les professeurs dans la réflexion. Ce qui doit inquiéter, par conséquent, c'est que les professeurs eux-mêmes en soient rendus à tirer de la notion sacro-sainte de liberté universitaire, non pas l'affirmation de nécessités sociales pour lesquelles ils donneraient leur vie, mais, tout «pépèrement», une sorte de droit syndical ou simplement corporatif à pouvoir tout dire sans jamais courir de risque et à dissocier l'enseignement de toute formation de la relève scientifique. La liberté est pourtant, en même temps que ce droit dont les universitaires n'oublieront jamais de se gargariser, *à la fois* un idéal chèrement conquis, un espoir constamment remis en question par les égoïsmes des autres et par le sien propre, un devoir terriblement exigeant face à tous les humains que l'on doit justement guider jusqu'à la vraie liberté, celle qui est intérieure et qu'aucune tyrannie ne peut tuer. Que la liberté universitaire soit réduite au «droit essentiel du professeur d'accomplir ses tâches d'enseignant, de chercheur et de participant à l'élaboration des politiques universitaires sans être assujetti à des menaces, censures ou représailles institutionnelles» est donc un sujet d'étonnement et de déception.

La solution? Une *perestroïka* qui aura les mêmes chances que l'autre...

# 6

## *Une charge de travail quelque peu embrouillée*

Lorsque le rapport Gobeil a recommandé d'augmenter de 50 % la charge d'enseignement des professeurs d'université, les groupes visés par la mesure ont vertement protesté: «L'enseignement n'est qu'une faible partie de notre charge de travail. Avant de décréter que nous n'en faisons pas assez sur le front de l'enseignement, prenez le temps d'analyser l'ensemble de nos activités professionnelles». Du coup, il devenait nécessaire d'en savoir plus long sur cette fameuse charge de travail globale. Chacun, à l'extérieur des universités, a alors pensé qu'il serait facile de référer à une évaluation précise de ce que fait un professeur d'université. L'opinion publique a été déçue, car elle attend toujours sa réponse et cette évaluation.

L'évaluation, comme la liberté universitaire dont on vient de parler, est une notion bizarrement traitée et diversement perçue chez les enseignants et plus particulièrement chez les professeurs du milieu universitaire. Certains, en effet, qu'un certain syndicalisme, beaucoup d'individualisme et de douloureux décrets ont rendus méfiants, voient dans toute évaluation une intervention

*Comment évaluer?*

patronale nécessairement blessante et toujours injuste. D'autres, que l'esprit scientifique rend plus lucides, admettent les vertus de l'évaluation, mais ne voient pas ce qu'elle viendrait faire dans des domaines aussi qualitatifs que la pédagogie ou la recherche fondamentale.

D'autres encore, assez consciencieux pour ne pas se réfugier derrière les deux premières séries de prétextes, n'ont que des éloges pour l'évaluation. L'esquive qui les caractérise est plus subtile: «Les professeurs d'université ont tellement de respect pour l'évaluation qu'ils sont les gens les plus évalués du monde».

> Cette tâche professorale, que nous avons essayé de décomposer en ses multiples éléments, est certainement bien remplie: divers types d'évaluation s'en assurent. Contrairement à l'impression généralement répandue, le professeur d'université est certainement l'une des personnes dont le travail est le plus constamment soumis à l'évaluation, et à des évaluations exigeantes, tout au long de sa carrière. Ses cours, ses projets de recherche, ses résultats, ses publications sont en permanence soumis à la critique des pairs. Notre tâche s'exerce donc dans un processus d'évaluation dont les modalités peuvent varier d'une université à l'autre, mais qui, invariablement, a ses moments privilégiés dans la carrière professorale: lors de la permanence, des promotions, des publications, des demandes de subventions, etc. (CE, FAPUQ, p. 755).

*Pourquoi évaluer?*

Quand l'évaluation se voit ainsi interdire toute intervention significative ou, à tout le moins, toute expansion de son champ d'intervention, la charge de travail que porte le professeur d'université risque fort ou bien de ne jamais être évaluée ou bien de ne jamais être évaluée plus précisément qu'aujourd'hui. Or, la charge de travail du professeur d'université est, qu'on le veuille ou non, au coeur des plus importants débats sur l'utilité et l'avenir de l'université. Si, en effet, cette charge pouvait être alourdie de façon significative, les problèmes de sous-financement des universités québécoises ne seraient plus les mêmes.

Mais voilà la difficulté: on ne parvient pas à se former une idée précise et fiable de cette charge de travail.

Ajoutons ceci. Que les professeurs d'université l'admettent ou non, ce que les étudiants constatent à l'université ne correspond pas toujours, loin de là, aux résultats que devrait normalement donner une évaluation cohérente. De deux choses l'une: ou bien les professeurs d'université ne font pas l'objet d'évaluations aussi rigoureuses qu'ils nous l'affirment ou bien les diverses évaluations ne sont pas suivies de leurs effets logiques. En ce qui a trait à la pédagogie, par exemple, l'insatisfaction des publics étudiants est trop manifeste pour qu'on puisse affirmer plus longtemps que des évaluations ont lieu et que les ajustements nécessaires sont effectués.

*Quels sont les résultats?*

> [...] cette question du choix des méthodes pédagogiques n'est qu'un aspect limité du problème général de la pédagogie universitaire. À ce propos, la commission (Dion) est convaincue qu'il s'agit là d'un problème prioritaire. Sans doute de grands progrès ont-ils été accomplis à ce chapitre: création d'un Service de pédagogie universitaire qui a aidé près de quatre cents professeurs à systématiser leur enseignement, meilleure connaissance et meilleure utilisation par les professeurs des diverses méthodes pédagogiques, universalisation progressive de l'évaluation méthodique des cours, etc. Nonobstant ces améliorations très importantes, la pédagogie n'en continue pas moins d'être une des principales sources d'insatisfaction chez les étudiants du premier cycle. C'est ce qui ressort de l'analyse des tables rondes d'étudiants ainsi que d'une étude de données recueillies pour le projet ASOPE (Aspirations scolaires et orientation professionnelle des étudiants).
> D'après cette dernière étude, en effet, 53,6 % des étudiants pré-gradués seraient insatisfaits des méthodes d'enseignement à l'université Laval (Rapport Dion, p. 181).

En dépit des assurances qu'on prétend donner d'une évaluation constante et significative des professeurs, il faut donc admettre l'existence d'un problème: au moins dans la partie pédagogique de leur travail, mais peut-être aussi sous d'autres aspects, les professeurs sont perçus de façon passablement négative. Dans un contexte social de raréfaction des ressources financières, les gouvernants sont donc enclins à scruter de plus près les activités qui, tout en coûtant cher, ne répondent pas ou répondent mal aux attentes de la société. Ne pas s'en apercevoir, c'est se mettre la tête dans le sable. C'est aussi mal protéger la liberté universitaire et susciter des doutes à propos de la rigueur scientifique des professeurs d'université.

*Que «vaut» le professeur?*

Il fallait donc s'attendre à ce que, dans le cadre de la commission parlementaire sur «les orientations et le cadre de financement du réseau universitaire québécois», à peu près toutes les écoles de pensée se manifestent à propos de ce que «vaut» le professeur d'université et de ce qu'il offre en échange de son salaire. Retenons surtout de ces échanges les assauts de plusieurs groupes étudiants contre la *permanence* des professeurs et ceux des débats qui ont porté spécifiquement sur la *charge de travail* du professeur. Dans un cas comme dans l'autre, des changements radicaux ont été proposés; dans un cas comme dans l'autre, le changement mis de l'avant découlait d'un jugement négatif sur la valeur et l'ampleur du travail professoral. Dans un cas comme dans l'autre, le seul arbitrage qui soit acceptable, et pour les professeurs et pour la société, sera celui d'une *évaluation* crédible aux yeux de tous. Ou bien les professeurs réussissent à prouver, à la satisfaction de la société, que tout va bien à l'université comme dans le meilleur des mondes, ou bien les professeurs devront se résigner à subir de nouveaux tests et surtout à en accepter les suites. C'est la seule façon de s'extraire des divers paradoxes que décrit James Buchanan (*Academia in Anarchy*) et qui jettent l'université dans une impasse: «Ceux qui produisent [les professeurs] ne vendent pas leur produit, ceux qui consomment [les étudiants] ne l'achètent pas et ceux qui le financent [les gouvernements] ne le contrôlent pas ...»

Dans la présentation de leur point de vue devant la Commission parlementaire de 1986, plusieurs groupes d'étudiants, en plus de porter des jugements virulents sur la gestion des universités, ont directement remis en question la permanence de leurs professeurs. (À noter qu'on s'embarrassait très rarement des distinctions usuelles entre la permanence et la sécurité d'emploi.) Le raisonnement tenait en peu de mots. Ou bien les enseignants sont bons et ils survivront aisément aux évaluations périodiques qu'on peut leur imposer, ou bien ils ne le sont pas et mieux vaut pouvoir s'en débarrasser. Donc, à bas la permanence!

*À bas la permanence...*

Tout cela, dans la plupart des cas, était assorti et tempéré d'accommodements: presque toutes les associations d'étudiants qui mettaient en question la permanence des professeurs se déclaraient prêtes, en effet, à leur accorder des mandats de 3, de 5, de 7, voire de 10 ans, prêtes à ne procéder qu'après avis aux évaluations souhaitables, prêtes à accorder aux cas problèmes des délais de plusieurs années pour s'ajuster, prêtes à ne procéder à l'expulsion qu'au terme de toute une série d'offres de soutien et de rappels à l'ordre, etc. Un fait ressortait pourtant, pour quiconque consent à lire les textes des étudiants: un trop grand nombre de professeurs, de l'avis de leurs «victimes», ne possèdent même pas un minimum de sens pédagogique. Dès lors, disent les étudiants, une institution d'enseignement le moindrement sérieuse devrait, après avoir offert à ses professeurs problèmes la possibilité de corriger leurs déficiences pédagogiques, les mettre hors d'état de nuire.

Tout naturellement, l'assaut des étudiants contre la permanence des professeurs suscitait la réaction du président de la CEQ, Yvon Charbonneau:

*Que devient la liberté?*

> Je pense que la permanence, comme le disait hier le ministre Gil Rémillard, au niveau de l'université signifie en général une plus grande autonomie professionnelle, aller plus loin dans sa pensée, plus loin dans ses recherches

65

> et, finalement, faire un enseignement de meilleure qualité et également être vraiment ce qu'est l'université, un lieu de développement autonome, un développement qui passe parfois par la critique des pouvoirs et tout le reste, pouvoir à l'université, pouvoir en général, pouvoir économique (CE, p. 1264).

Une fois de plus, la fameuse liberté universitaire ou du moins une certaine conception de la liberté universitaire sert donc d'assise au raisonnement: «Sans permanence, pas de véritable liberté universitaire». Les étudiants répliquent aussitôt: «Mais avec la permanence, à quoi sert l'évaluation?» Lorsqu'il traitera explicitement de la question, vers la fin des travaux de la commission parlementaire, le ministre de l'Enseignement supérieur et de la Science prendra ses distances par rapport à l'usage que font les professeurs de la notion de liberté universitaire, mais il n'expliquera pas à quoi peut bien servir l'évaluation lorsque l'évalué bénéficie de la permanence et même d'une permanence qui échappe à toute modulation de la tâche.

> Ce qui m'inquiète, ce n'est pas tant la liberté d'expression parce que, comme liberté d'expression, on a celle qu'on prend. [...]
>
> De ce côté, on pourrait discuter, mais ce qui m'inquiète, c'est la continuité de l'oeuvre intellectuelle qui est confiée à l'université. J'aurai besoin de beaucoup d'arguments pour me convaincre qu'une personne va se laisser mettre en ballottage tous les cinq ans si elle entreprend une carrière de professeur et de chercheur universitaire. Ce sont des carrières qui engagent toute une vie (CE, p. 1436).

Même devant une conception aussi élevée de l'engagement universitaire, il faut poser de nouveau la question: *que fait-on lorsque l'évaluation révèle que l'engagement universitaire, protégé qu'il est par la permanence et par une permanence sans modulation, ne donne pas les résultats escomptés?* Rien, dans les propos de monsieur Ryan, ne fournit d'élément de réponse.

L'impasse est d'autant plus désespérante qu'un certain nombre de comportements contribuent à la resserrer. On peut penser ici, en particulier, au mystère dont on entoure la charge de travail du professeur, aux critères privilégiés au moment du recrutement des professeurs et à la méfiance de la plupart des instances syndicales face à la modulation des tâches. Ces attitudes sont d'ailleurs si solidement enracinées dans le terroir universitaire et si intimement tressées les unes avec les autres qu'il devient difficile de les analyser clairement et séparément.

*L'impasse est désespérante*

Osons quand même planter une balise. Au moment de l'embauche, l'université québécoise exige de l'aspirant ou de l'aspirante un doctorat ou, s'il s'agit d'une secteur où n'existent pas les doctorats, le diplôme le plus élevé. Du coup, l'université manifeste sa ferme volonté d'embaucher une personne capable de vaquer à des activités de recherche. Fort bien. Du même coup, cependant, l'université montre le peu de cas qu'elle fait des aptitudes à l'enseignement. Ou bien elle présume que le doctorat confère magiquement à tous ses fidèles la grâce pédagogique, ou bien elle estime que l'essentiel est ailleurs. Elle prépare ainsi, l'expérience le démontre, de sérieuses lacunes dans le versant pédagogique de l'activité professorale.

*Le doctorat confère-t-il la grâce pédagogique?*

Cette politique de recrutement explique pour une part les équivoques qui entourent par la suite tout examen de la charge de travail du professeur. C'est, en effet, l'aptitude à la recherche qui fait l'objet d'un accord sinon légal, du moins psychologique entre l'université et son nouveau professeur. Cette aptitude à la recherche, que le doctorat est censé démontrer, est le «bien» que l'université souhaite se procurer, comme elle est le «bien» que le nouveau professeur estime avoir offert. Si, par la suite, la performance pédagogique pose problème, les deux principaux intéressés seront pris de court. Le professeur estimera, avec quelque raison, qu'on lui réclame une excellence pédagogique qu'il n'a jamais prétendu posséder ou vouloir acquérir. L'université, avec la même légitimité et en

67

proie au même étonnement, se dira impuissante devant une évolution «inattendue» de la situation.

Confrontées à un problème pédagogique qu'elles n'auront ni l'une ni l'autre prévu ou vu venir, les deux parties déploieront toutes les facultés d'adaptation qu'on peut attendre des organismes vivants et surtout des organismes vivants et suprêmement doués. On ne commettra pas l'erreur de heurter l'opinion publique ou d'agresser les bailleurs de fonds en rangeant l'enseignement parmi les préoccupations secondaires. Mais, subtilement, on définira la charge de travail du professeur comme un ensemble d'activités et on s'emploiera discrètement à réduire à aussi peu de chose que possible le poids de l'enseignement dans l'évaluation globale de cette charge de travail. Bien malin qui pourra ensuite s'y retrouver!

*L'évaluation peu fiable...*

L'astuce, de fait, atteint son objectif. En effet, quiconque n'observe que la face visible de l'activité professorale, c'est-à-dire l'enseignement, ne réussira jamais à formuler une critique percutante. Avec une impressionnante synchronisation, l'université et ses professeurs jetteront par-dessus bord les critiques qui ne porteraient que sur «une seule des composantes de la tâche». Les députés et les juges, qui partagent avec les professeurs d'université cette caractéristique de n'être directement observables que pendant une partie de leurs activités, tomberont vite d'accord pour ranger parmi les évaluations peu fiables celles qui portent seulement sur la partie visible de l'activité professorale, judiciaire ou parlementaire.

Pour atteindre à un certain degré de pertinence et de crédibilité, l'évaluation de la tâche professorale doit donc inclure, mais aussi dépasser le seul enseignement et s'attaquer à la «face cachée». Il faut, en d'autres termes, que l'on en sache plus long sur les autres composantes de la tâche professorale et, surtout, sur la performance des professeurs dans des domaines comme la recherche, l'encadrement des étudiants ou les fonctions administratives.

Malheureusement, quand elle s'aventure dans ces domaines, l'évaluation, déjà peu fiable à propos de pédagogie, devient carrément trompeuse. La recherche, on le sait déjà, relève du professeur et de lui seul. En fait-il? N'en fait-il pas? En fait-il certaines qui soient utiles? En fait-il dont l'université ne sait rien? Autant de questions que bien des universitaires jugeraient indiscrètes ou peu pertinentes. L'essentiel étant qu'un professeur d'université est présumé faire de la recherche et que la recherche, c'est bien connu, doit demeurer libre et donc peu loquace.

*...devient trompeuse*

À cela s'ajoute une variable que les professeurs présentent toujours comme un élément rassurant, mais qui ne l'est pas nécessairement pour ceux qui regardent la recherche universitaire de l'extérieur: les projets de recherche des professeurs, dans un certain nombre de cas, sont évalués par les pairs, c'est-à-dire par d'autres professeurs. Éminemment démocratique et rassurante aux yeux des professeurs eux-mêmes, la formule, pour les gens de l'extérieur, présente tous les risques du «renvoi d'ascenseur» systématique et inquiétant.

*Des pairs évaluent...*

---

**PROPOS DU BIOCHIMISTE EDWIN CHARGOFF**
**(tels que recueillis par Fernand Seguin)**

**F.S.:** Il y a un autre système dans l'establishment actuel [...]. C'est celui que l'on désigne sous le nom de *peer review system*, dans lequel vous êtes jugé par vos pairs lorsque vous voulez soit obtenir des fonds de recherche, soit même publier un article dans les revues scientifiques les plus prestigieuses.

**E. C.:** L'ennui, c'est qu'il n'y a plus de pairs. Comme les problèmes se multiplient d'une façon explosive, il n'y a que des petites coteries qui connaissent tout sur un problème extrêmement rétréci, extrêmement étroit.

**F.S.:** Ce système entretient une certaine orthodoxie, un certain conformisme dans le déroulement de la science.

(Fernand Seguin, *Le sel de la science*, Québec, Québec-Science Éditeur, 1980, p. 130.)

Ouvrons une parenthèse qui n'en sera pas tout-à-fait une. En effet, peut-être faut-il insérer ici, n'en déplaise à une certaine logique, quelques observations sur les tâches administratives qui peuvent échoir au personnel enseignant. On n'en comprendra que mieux les risques que fait courir à la recherche l'évaluation des projets de recherche par les pairs.

*...et seront évalués*

Il faut savoir, en effet, que, dans ce milieu régi par un certain égalitarisme, (n'oublions quand même pas que les carnassiers eux-mêmes peuvent convenir d'un code de coexistence pacifique), il est de bon ton que les professeurs élisent ceux de leurs confrères qu'ils jugent dignes des tâches de coordination. Il est également de bon ton que les élus, après un séjour dans les sphères de la coordination, reviennent dans le rang, quittent donc après un ou plusieurs mandats leurs fonctions administratives et se retrouvent donc soumis à leur tour aux décisions de collègues sur lesquels ils ont eu précédemment une certaine autorité. De telles règles, on l'admettra, n'ont généralement pas pour résultat prévisible d'encourager chez les professeurs élus un total courage politique. Fermons ici cette parenthèse qui n'en était pas une. Concluons simplement (et humainement) que les jugements des pairs, jugements qui peuvent constituer une forme très féconde d'évaluation, perdent leur fiabilité quand les pairs en question ont tout intérêt à ne pas blesser ni surtout agresser des pairs qui peuvent devenir tantôt leurs supérieurs. C'est là une regrettable hommerie? Mais oui! Les universités elles-mêmes, ne n'oublions pas, sont à base d'hommes...

> [...] les assemblées départementales sont appelées à intervenir à trois moments distincts, dans le processus menant à remplir un poste ouvert. Elles contribuent d'abord à déterminer les «caractéristiques du poste». Elles participent ensuite à la recherche des candidats. Elles opèrent également une sélection parmi les candidatures reçues, puis recommandent à la haute direction de l'institution d'engager le candidat qu'elles privilégient.

> Dans ces trois opérations, certaines difficultés peuvent surgir qui mènent au choix d'un candidat soit par népotisme ou favoritisme. Ainsi les critères peuvent être tels que seule une tendance donnée de la discipline soit représentée au sein du département.
> [...]...malgré la démocratisation du recrutement professoral, un certain nombre de départements n'ont pas su éviter le piège du népotisme (Rapport Angers, partie II, p. 29).

*«Entrepreneurs en recherche»*

Deux affirmations qui circulent largement en milieu universitaire méritent de faire ici surface. En premier lieu, celle selon laquelle le prestige en milieu universitaire appartient non pas tant aux chercheurs qu'aux «entrepreneurs en recherche». En second lieu, celle qui définit l'activité dite administrative des professeurs comme en partie fictive.

Commençons par la première affirmation. À en croire mes interlocuteurs et à observer ceux qui sollicitent constamment l'attention des médias au nom des recherches héroïques dont ils sont responsables, aucun doute n'est permis: les «courtiers en recherches» importent beaucoup plus dans la hiérarchie universitaire que les authentiques chercheurs. Les courtiers organisent des colloques, obtiennent des subventions, ne font, bien sûr, aucun enseignement et ne font pas davantage de recherches, mais l'université et les collègues leur doivent des fonds et du prestige. Ils sont à toutes fins utiles des relationnistes de grande classe qui obtiennent un statut particulier parce que, sans eux, l'université serait moins connue, moins prestigieuse, moins abondamment pourvue en dons et en projets de recherche commandités. Et, me dit-on, «les anglophones font dix fois pire».

*Les fonds de recherche*

> Une part importante des fonds de recherche provient de subventions d'organismes soit gouvernementaux soit privés. Or, les exigences bureaucratiques édictées par les fonctionnaires qui gèrent ces organismes constituent des éléments de rigidité incompatibles avec une recherche

exploratrice, innovatrice, critique. On juge bien souvent du montant à demander en fonction de l'organisme qui subventionne plutôt qu'en fonction des besoins évalués de la recherche envisagée. Vis-à-vis de ces difficultés, les «entrepreneurs en recherche» ont recours à diverses astuces qu'il n'y a pas lieu de décrire ici. Ce problème répété a souvent comme conséquence de décourager bon nombre de chercheurs sérieux qui décident alors de faire autre chose que de la recherche coûteuse (Rapport Angers, partie II, p. 36).

La difficulté, on le voit, c'est que la montée de ces entrepreneurs en recherche fausse le jeu. Dans une institution où recherche et enseignement sont censés primer, voilà que des talents qui n'ont rien à voir avec ces tâches reçoivent la plus grande considération. Dès lors, la course est lancée. On rognera sur l'enseignement pour consacrer plus de temps à la recherche. On écourtera la recherche pour consacrer plus de temps à la collecte des fonds requis par la recherche. On finira par ne plus faire ni enseignement ni recherche parce qu'on servira d'agent de liaison entre ceux qui ont besoin de la recherche universitaire et les chercheurs universitaires qui n'ont pas, eux, le tempérament du démarcheur. Tous les universitaires auxquels j'ai parlé m'ont affirmé pouvoir identifier dans leur entourage immédiat un ou plusieurs de ces «entrepreneurs en recherches» qui agissent en *lobbyists* plus qu'en chercheurs, mais qui alimentent les collègues en projets et l'institution en financement. Selon eux, le démarcheur, qui ne fait littéralement aucune recherche lui-même, obtient, c'est le cas de le dire, tout le crédit... Dans ce contexte, on imagine sans peine ce que devient l'évaluation de la recherche effectuée par chacun des professeurs.

*Les tâches administratives professorales*

En va-t-il différemment au sujet des tâches administratives? L'évaluation du temps et de l'énergie qu'y consacrent les professeurs est-elle plus fiable? Il ne semble pas. Les professeurs eux-mêmes se font d'ailleurs un plaisir et un devoir, du moins en conversation privée, de dénoncer en termes virulents le poids et la stérilité des tâches administratives assumées par le personnel enseignant. On accuse ces tâches d'accaparer beaucoup de temps sans grand bénéfice. On les accuse de servir de prétextes à tous ceux qui détestent l'enseignement et qui n'aiment la recherche que modérément. On parle de lourdeur administrative et, de nouveau, d'obésité bureaucratique. Le rapport Dion a fort bien perçu et fort honnêtement décrit le problème:

> La consultation menée par la commission a mis en évidence une série de problèmes et d'obstacles qui affectent le professeur et nuisent à son rendement. On perçoit chez lui un sentiment d'isolement et d'insécurité devant les mécanismes d'allocation des ressources financières et matérielles. Il se plaint de la bureaucratisation de l'université et se sent étouffé par les contrôles administratifs. Il se sent souvent impuissant et frustré devant la prolifération des programmes offerts et la croissance rapide des effectifs étudiants. Nombreux sont ceux qui se plaignent que leur charge d'enseignement de premier cycle les empêche de faire de la recherche. L'enseignement au premier cycle est devenu, pour plusieurs, plus onéreux et moins valorisant, étant donné la difficulté de maintenir une saine relation étudiant-professeur à ce niveau et le peu de cas qui leur paraît être fait de la fonction d'enseignement pour la promotion dans les rangs académiques.
>
> [...] Souvent de jeunes professeurs, chargés de tâches administratives ou appelés à faire partie de divers comités, déplorent avoir ainsi à partager leur temps entre la recherche et l'administration (p. 83 et 84).

Ces diverses allusions à l'ampleur des tâches administratives ont de quoi étonner. Dans tel ou tel cas, c'est certain, la dimension de la faculté ou du département peut expliquer l'expansion des préoccupations administratives. Dans maints autres cas, cependant, il y a presque autant de chefs que d'Indiens.

*Un cas typique*

Un cas concret peut servir d'illustration. Une faculté qui dénombre environ 125 étudiants de premier cycle et à peu près autant dans les deuxième et troisième cycles, donc environ 150 ou 160 étudiants physiquement présents sur une base régulière, compte pourtant plus de 70 cours différents, une bonne quinzaine de professeurs à plein temps, au moins autant de chargés de cours et surtout une structure administrative digne d'une faculté de médecine ou de génie: un doyen, deux vice-doyens, un directeur des études, une conseillère pédagogique et une pléthore de comités...

Cas atypique? Hélas non. Cas particulièrement grave, il est vrai, mais cas dont on trouve les analogues un peu partout.

Nul ne s'offre à légitimer pareil non-sens. En revanche, beaucoup proposent des explications. Si toutes ne vont pas dans le même sens, chacune peut probablement éclairer le problème. Un premier groupe affirme qu'une bonne portion des tâches administratives des professeurs est purement fictive: un grand nombre de professeurs accepteraient de faire partie de tel et tel et tel comités, de manière à satisfaire officiellement aux barèmes qui régissent la charge de travail, mais ils brilleraient ensuite par leur absence aux réunions de ces comités. Selon d'autres observateurs de l'intérieur de l'université, d'innombrables comités ne sont que des mesures défensives. Chacun se doit d'y être raisonnablement présent, faute de quoi l'assemblée peut, presque par distraction, faire disparaître un cours auquel tient un professeur en particulier. D'autres encore décrivent l'administration universitaire comme un mécanisme de compensation: puisque personne ne veut assumer le leadership et puisque la règle du nivellement par consensus sévit dans toute sa rigueur, il faut bien réunir l'ensemble des intéressés chaque fois que surgit une difficulté. Le pire, ajoutent ces derniers observateurs, c'est que la réunion a lieu, que les avis s'expriment, que les divergences deviennent manifestes... et qu'aucune décision n'affleure.

*Évaluation partout? ...vraiment?*

Au total, l'évaluation, dont certains représentants syndicaux disent sentir l'omniprésence dans le milieu universitaire, s'avère massivement inopérante. On évalue à peine l'enseignement, car l'aptitude pédagogique du professeur n'a guère de prestige en ces lieux et personne, de toutes manières, n'oserait aller voir comment le voisin enseigne. On évalue plus formellement la recherche, car il faut souvent la signature des pairs pour utiliser des fonds ou obtenir une diminution de la tâche pédagogique, mais cette évaluation elle-même n'a qu'une rigueur limitée: nul ne veut se montrer draconien à l'égard de confrères qui lui tiendront à leur tour le couteau sous la gorge. Le rôle des «entrepreneurs en recherche» achève de fausser l'évaluation de la recherche. Quant à l'utilité de la tâche administrative, nul n'oserait en faire l'éloge.

Évaluation partout? Vraiment?

Pour sortir du flou, il faudra, malgré les difficultés, recourir de façon intelligente, mais plus systématique, à diverses évaluations. Il faudra aussi cesser de considérer la *modulation* de la tâche comme une dangereuse utopie ou comme une façon de plus de mépriser le professeur. Insistons, en raison de l'enjeu majeur qu'il constitue, sur ce dernier point.

«*Moduler la tâche*»

Déjà sur le qui-vive dès qu'il est question de leur charge de travail, les porte-parole des professeurs deviennent carrément irascibles si l'on s'avise d'évoquer, ne serait-ce que très hypothétiquement, la possibilité de «moduler la tâche», c'est-à-dire ne pas demander toutes les perfections à chaque professeur.

> Vous avez presque évoqué un mythe ici — vous me permettrez de le signaler — qui distingue parmi les enseignants, les professeurs. Ceux qui font de l'enseignement sont éloquents, on les compare pratiquement à des monologuistes, des «show men», on entend toutes sortes de choses là-dessus; et il y aurait, à côté de cela, les chercheurs, qui ont la poitrine creuse, qui travaillent en cabinet. Je pense qu'il faut plutôt voir les relations entre les

deux volets de cette même personne. Ce sont des structures intellectuelles en ordre. Il est aussi difficile de parler éloquemment que de chercher éloquemment. Les chercheurs qui ne sont pas capables de s'exprimer ne sont pas plus capables d'écrire. On peut toujours trouver dans des répartitions statistiques ce qu'on appelle des bouts de cloche, donc quelqu'un qui n'est absolument pas éloquent mais qui pourrait écrire à la limite. Mais, de manière générale, les chercheurs sont capables d'enseigner et les enseignants sont capables de chercher. Voilà pourquoi il faut arrêter d'essayer de nous spécialiser (CE, FAPUQ, p. 765).

*«N'importe quel prof vaut n'importe quel prof»*

Devant de tels propos, on demeure surpris. On s'étonne, en effet, que l'orthodoxie syndicale conduise encore certains professeurs d'université à se plier à toutes les règles de la langue de bois. On s'étonne, en d'autres termes, que des gens lucides et renseignés persistent, contre toute évidence, à affirmer que «n'importe quel prof vaut n'importe quel prof» et que tous méritent donc le même régime et la même paie.

On se rapproche davantage d'une description réaliste de la situation lorsqu'on admet que tous les professeurs ne consacrent pas tous chaque année le même pourcentage de leur charge de travail à la recherche. Notons que cette description plus nuancée est exprimée par un représentant syndical des professeurs.

*Une certaine modulation existe déjà*

[...] la modulation des tâches je dirai finalement simplement qu'elle existe déjà d'une certaine manière mais gérée par les unités départementales elles-mêmes. Lorsqu'un de nos collègues est nommé par son assemblée pour diriger un département ou pour diriger un module ou pour diriger un niveau, un cycle, premier ou deuxième, on lui octroie finalement des crédits d'administration. [...] Je pense que cette forme de modulation gérée par les assemblées et les unités départementales est fort souhaitable et se réalise. Par ailleurs, il ne faut pas que ces modulations de tâches prennent un caractère permanent. [...] Je pense qu'il est important à ce niveau-là qu'il n'y ait pas de modulation permanente et que la définition de l'activité du professeur, quitte à ce que, selon un semestre, selon une année, selon deux ans, elle soit modifiée, demeure globalement celle que l'on définit: enseignement, recherche, service à la collectivité, et j'inclus aussi dans cela l'administration (CE, p. 766).

J'avoue ne pas voir très clairement pourquoi la modulation des tâches, qui semble acceptable lorsque l'assemblée départementale en assume la gestion, devient le mal en soi lorsqu'il est question d'en accepter le principe et peut-être la généralisation. Je ne vois pas non plus pourquoi les éléments que l'on considère indispensables à l'exercice de la fonction de professeur (enseignement, recherche, services à la collectivité...) devraient tous et toujours se retrouver en proportions identiques dans toutes les carrières individuelles. En d'autres termes, même dans l'hypothèse où chacun des professeurs devrait combiner recherche et enseignement, pourquoi faudrait-il que tous les professeurs consacrent à la recherche le même pourcentage de leur temps? Strictement rien ne permet de croire qu'il en va ainsi dans la réalité et strictement rien ne prouve encore qu'on puisse et qu'on doive jamais en arriver à de telles exigences. Raisonner comme si un moule unique était applicable et était même *déjà appliqué* à l'ensemble des professeurs d'universités, c'est donc, n'en déplaise à un certain discours aussi syndical que corporatisant, mal lire la réalité. C'est aussi tenter de vendre comme collectivement désirable ce qui n'est ni réalisé, ni souhaitable.

Dans la réalité quotidienne des choses, chacun le sait, tous les professeurs ne sont pas de bons pédagogues. Tous les professeurs ne sont pas non plus à la fine pointe des recherches contemporaines. Certains enseignent merveilleusement, motivent leurs étudiants, leur donnent le goût de contribuer valablement au progrès social, aident puissamment les jeunes à se faire la plus haute conception de leur profession, mais sont beaucoup plus des motiva-

*Pédagogue et chercheur*

teurs que des découvreurs. D'autres, en revanche, publient beaucoup et sont des analystes réfléchis dont on souhaite lire calmement l'opinion, mais ceux-là font souvent partie des admirables intellectuels que les mass-médias électroniques n'invitent plus tant ils s'empêtrent dans leurs fines nuances.

Les publics étudiants ne diffèrent pas de la masse démocratique au point de ne pas voir la différence entre le pédagogue et le chercheur. Les étudiants et les étudiantes, quant à eux, savent pertinemment qu'une différence substantielle existe entre les différentes activités des professeurs. Ils savent fort bien que tel professeur passe sa vie à vagabonder d'un congrès à l'autre et qu'il ne découvrira jamais grand-chose. Ils lui savent gré, pourtant, de les mettre en contact avec les circuits universitaires mondiaux et aussi de ramener à son université «maternelle» un certain nombre de spécialistes internationaux. Les étudiants savent aussi que tel rat de bibliothèque n'est capable que d'exposés soporifiques, alors qu'il dirige admirablement les rédactions de thèse. Cela, n'en déplaise encore une fois aux affirmations de la langue de bois, existe, cela est connu, cela est inévitable, cela est au moins vécu, sinon accepté par les générations d'étudiants et d'étudiantes.

*Le professeur idéal*   Bien sûr, personne ne conteste que le professeur idéal enseigne bien, consacre tous ses loisirs à la lecture et à la recherche, rédige mensuellement un article ou deux dans une revue savante et qu'on peut compter sur lui pour toute grande offensive sociale vers le mieux-être. Personne ne s'attend cependant à ce que la communauté universitaire soit densément peuplée de semblables demi-dieux. Personne ne reprochera non plus au corps enseignant des universités de ne pas produire en séries des professeurs constamment et tous pourvus du charisme pédagogique, de la patience et de l'ingéniosité qu'exige la recherche et de la polyvalence généreuse qu'apprécient les groupes qui sollicitent quotidiennement la communauté universitaire. Pourquoi ne pas l'admettre tout simplement?

Le témoignage du porte-parole de l'École polytechnique devant la commission parlementaire allait d'ailleurs dans le sens d'un plus grand réalisme: *Un plus grand réalisme*

> On pourrait ajouter aussi l'encadrement des étudiants des 2e et 3e cycles. Nous avons 1 000 étudiants dont 600 poursuivent des travaux de mémoire de maîtrise ou de doctorat à temps plein pour la plupart. Cela veut dire que chaque professeur d'école actif en recherche — on en a 130 environ actifs en recherche sur les 210 — a accroché à lui environ cinq étudiants de maîtrise et de doctorat, et ceux-là, je vous garantis qu'ils ne vous laissent pas aller. Lorsqu'ils doivent vous voir, ils s'arrangent pour vous voir, et cela ajoute encore.
>
> Effectivement, à l'école, nous avons pu moduler la tâche des professeurs pour la simple raison que nous leur avons expliqué la situation dans laquelle nous étions (CE, p. 953).

Dans ce cas comme dans celui de Concordia, la moyenne de cours par professeur est de 5,3. C'est dire qu'en plus de consentir ici à des conversions de charge d'enseignement en tâches administratives ou en activités de recherche, *on part d'une norme nettement plus élevée, six cours au lieu de quatre*. La moyenne *effective* de Concordia et de Polytechnique, moyenne connue une fois que toutes les déductions et conversions ont été effectuées, est donc plus élevée que la norme de départ dans d'autres universités. *La nécessité de la modulation*

Il ne s'agit pas de tirer des conclusions hâtives. On garde pourtant l'impression que certaines institutions universitaires placent le fardeau de la preuve sur les épaules des professeurs, tandis que d'autres tiennent pour acquit que tout le monde fait de la recherche et même en fait exactement autant que le voisin. Pour illustrer, il semble que Concordia dise à son professeur: «Vous devez enseigner six cours par année. Vous n'en ferez moins que si vous me démontrez que d'autres activités vous occupent vraiment trop». Ailleurs, le propos est plus permissif: «Puisque je présume que tout le monde fait de la recherche, je ne demande à chacun de vous que l'enseignement de quatre cours par année». Comme il fallait sans doute s'y attendre, le groupe qui a charge de six cours demande et obtient plus d'exemptions que le groupe dont on attend plutôt quatre cours. La différence *effective* entre les deux catégories demeure quand même substantielle: la moyenne réelle devient 5,3 à Concordia ou à Polytechnique, alors que certains documents, comme le mémoire de l'Université de Montréal, font mention d'une moyenne de 3,5 ou de 3,7 dans une institution de «l'autre type».

Pourquoi insister autant sur la modulation de la tâche? Parce que l'enjeu est énorme. Sans modulation, on utilise mal le potentiel réel de chaque professeur. Sans modulation, on perpétue une description irréaliste et trompeuse de la réalité professorale. Sans modulation, on paie tout le monde comme si le tout le monde remplissait avec un égal succès toutes les tâches théoriquement attendues des professeurs et on prolonge ainsi une coûteuse fiction.

Avec la modulation, chacun et chacune agit selon ses talents, son énergie et ses aspirations. Avec la modulation, il devient possible de substituer un travail réel et utile à une description de tâche en partie fictive et trompeuse.

Est-ce que la modulation peut à elle seule résoudre toutes les difficultés financières des universités? Peut-être pas. Mais au moins quelques-unes.

# 7

## *Mais que vise le premier cycle?*

Ainsi donc, il n'y a pas, ainsi qu'on a pu le constater dès le départ, consensus quant à la mission de l'université. Il n'y a pas non plus, aussi étrange que cela puisse paraître, consensus sur ce que doit être le premier cycle universitaire. Peut-être est-ce d'ailleurs parce qu'on ne parvient pas à dire d'un mot la mission fondamentale, la *fin spécifique* de l'université, qu'on ne réussit pas non plus à définir, d'une façon qui soit acceptable pour tous et intelligible pour toute la société, l'échelle de valeurs et les priorités que devrait respecter le premier cycle. Cela est d'autant plus regrettable que le premier cycle attire plus de 80 % de la clientèle universitaire et constitue pour l'immense majorité de cette clientèle le degré terminal des études.

La commission parlementaire de 1986, tout en consacrant à peu près toutes ses énergies à la question du financement des institutions, a du même coup permis à certaines des universités québécoises de faire valoir leur philosophie propre. Dans certains cas, rares il est vrai, on a donc pu entendre parler du premier cycle. Ainsi, l'Uni-

*La formation générale à Bishop's*

versité Bishop's en a surpris plus d'un en se décrivant comme une université vouée au premier cycle et particulièrement intéressée à la formation générale:

> Les finissants de l'Université Bishop's, avec leur formation de type «liberal arts» qui les oblige à étudier en dehors de leur discipline, sont des personnes possédant une excellente formation générale. Les expériences acquises en dehors de ces classes contribuent pour une large part à faire de ces étudiants ce qu'on appelle en anglais des «well-rounded individuals». Il serait malheureux que les caractéristiques qui rendent Bishop's si spéciale soient changées. Bishop's est ce qu'elle est à cause de sa taille, de ses étudiants, de ses professeurs et de son administration. Ensemble, on a bâti une institution de premier cycle unique au Québec dont nous sommes tous très fiers (CE, p. 1396).

*La maîtrise et le doctorat à McGill*

Face à une telle description de Bishop's, on songe spontanément à l'antipode qu'est McGill. Voici ce qu'en dit, devant la commission parlementaire, le ministre de l'Enseignement supérieur et de la Science:

> L'Université McGill occupe une place toute spéciale dans le réseau universitaire québécois, à la fois au plan historique, car elle est l'une de nos institutions presque vénérables avec l'Université Laval, et au plan de la qualité du travail accompli. Dans l'étude qu'il a faite sur l'Université McGill il y a à peu près un an, le Conseil des universités, à la suite d'une visite qu'il avait effectuée à votre établissement, avait consigné en particulier les observations suivantes: «Tout au long de la visite et de l'étude des documents d'appui, il est apparu clairement que *le développement de la recherche et des études de maîtrise et de doctorat constituait la principale priorité de l'Université McGill*» (mon italique).

> «Ainsi en est-il des revenus provenant de la recherche qui ont augmenté de près de 150 % entre 1977-1978 et 1983-1984, ce qui place McGill loin devant les autres universités québécoises à ce chapitre». Bien plus, ceci confirme ce qu'on a entendu tantôt et c'est toujours le rapport du Conseil des universités que je cite: «Si l'on examine les performances des professeurs de McGill au concours des

organismes subventionnaires fédéraux, on constate qu'ils obtiennent régulièrement des subventions moyennes supérieures à celles de toute autre université canadienne» (CE, p. 1441).

Ainsi, dans le groupe pourtant fort restreint des universités anglophones du Québec, des différences plus que sensibles apparaissent quant à la conception qu'on se fait du premier cycle et de ses objectifs et quant à la place que ce premier cycle doit occuper dans les priorités de l'institution. En effet, pendant qu'une université mise sur le seul premier cycle et le consacre en outre à la formation fondamentale, la voisine situe d'emblée ses priorités du côté de la recherche et donc, fort logiquement, du côté des deuxième et troisième cycles. Dès lors, l'évidence saute aux yeux: toutes les universités ne se font pas la même conception des études de premier cycle.

*Conception du premier cycle*

Il y a plus. Allan Bloom, dont on connaît la popularité actuelle chez tous ceux qui s'intéressent à l'éducation en général et à l'université en particulier, pose une question particulièrement pertinente dans notre contexte:

> Quelle est l'image que présente une université de premier ordre à un adolescent qui, pour la première fois de sa vie, quitte son foyer et sa famille pour se lancer dans l'aventure des études supérieures et, plus particulièrement, dans l'enseignement de culture générale prodigué au cours du premier cycle? (*Essai sur le déclin de la culture générale*, Guérin littérature, 1987, p. 275.)

Une telle question prend au dépourvu, surtout, sans doute, parce qu'elle fixe d'emblée comme objectif aux études de premier cycle «un enseignement de culture générale». Cela, pour les gens d'ici, ne va pas de soi. Si l'Université Bishop's serait probablement tentée d'acquiescer, il n'est pas dit que McGill serait d'accord pour dire que les études de premier cycle constituent l'objectif universitaire majeur ou pour que ce premier cycle vise à livrer «un enseignement de culture générale». Quand, en

*Une image d'ensemble indéfinie*

effet, on situe les cycles supérieurs au premier rang des objectifs universitaires, la culture générale est généralement considérée comme une donnée sans doute importante, mais surtout comme un acquis normal et désormais secondaire des étapes antérieures. Dès lors, affirmer, comme je le fais, qu'il n'y a pas consensus parmi les universités québécoises sur les objectifs du premier cycle ne devrait donc pas soulever de grande polémique.

*Une gamme d'avenues différentes et parallèles*

Allan Bloom, tout en écrivant à propos du contexte américain, nous aide à soulever une double question à propos du premier cycle de nos universités québécoises: non plus seulement la question, déjà fort grave, de la culture générale, mais aussi celle de l'unité organique de l'université elle-même. Tout en présumant, comme on vient de le voir, que le premier cycle universitaire souhaite propager une culture générale (et prend aux États-Unis quatre ans pour le faire, ne l'oublions pas), Bloom, en effet, constate que le premier cycle ne présente pas *une* université aux jeunes qui y entrent, mais toute une gamme d'avenues différentes et sans relation les unes avec les autres.

> Mais, pour répondre à la question que j'ai posée au début de ce chapitre, l'université ne présente au jeune homme ou à la jeune fille qui y entre pour la première fois aucun visage bien défini. Il y trouve quantité de disciplines qui y vivent en démocratie: les unes sont là depuis l'origine, les autres y sont entrées récemment pour accomplir quelque fonction exigée par l'établissement en question. En fait, cette démocratie est une anarchie, car la citoyenneté académique ne répond à aucune règle reconnue et il n'existe pas de légitimité qui permette d'en établir une. Bref, le nouvel étudiant ne découvre ici aucune vision d'ensemble, et pas davantage une série de visions différentes en concurrence les unes avec les autres, de ce que peut être un être humain qui a fait des études. La question elle-même a disparu, car la poser susciterait de graves désaccords. Il n'y a pas d'organisation des sciences, pas d'arbre de la connaissance. Et la vie (?) de ce chaos suscite un profond découragement, car il interdit tout

choix raisonnable. Mieux vaut alors renoncer à la culture générale et se tourner vers une spécialité qui comporte au moins un programme obligatoire et une perspective de carrière (p. 276 et 277).

Que dirait Bloom en constatant que l'université québécoise est plus morcelée encore que cette université américaine qu'il juge déjà sévèrement? En effet, en plus de ne pas même accepter comme sa consoeur que la formation générale soit le plus important objectif de base de son premier cycle, l'université québécoise pratique le style «cafétéria» et succombe à la prolifération des cours plus encore que sa consoeur américaine. L'étudiant d'ici n'entre donc pas, lui non plus, à l'université. Il entre dans un département ou dans une faculté qui n'entretient que d'occasionnelles et prudentes relations avec l'ensemble du campus.

> En caricaturant légèrement, on pourrait dire qu'en entrant à l'université, l'étudiant se trouve en face d'un ensemble de corridors étroits, placés en parallèles et entre lesquels il faut choisir. Il n'entre pas vraiment dans une institution intégrée de haut savoir dans laquelle il pourrait avoir ne serait-ce qu'un avant-goût de la synthèse des connaissances, mais dans un ensemble dont les cloisons sont étanches et reproduisent bien souvent les barrières professionnelles (Rapport Dion, p. 169 et 170).

La situation que déplore Bloom semble donc prendre chez nous des caractéristiques plus inquiétantes encore que chez lui. D'un côté et de l'autre de la frontière, les universités auraient en commun de ne pas présenter à l'étudiant une institution, mais une série de ghettos parallèles parmi lesquels il lui faut en choisir un dans lequel il se perdra pendant la durée de ses études. Les universités américaines et québécoises auraient aussi en commun la douteuse caractéristique de peu et mal diffuser la culture générale. Nos universités du Québec auraient, cependant, certains problèmes supplémentaires, dont celui de ne pas même situer cette formation générale parmi les objectifs

*Un premier bilan*

majeurs du premier cycle. Ainsi se présente un premier bilan.

*Revalorisation des programmes*

Soulignons, par ailleurs, qu'en vidant de son sens la notion de programme, l'université a singulièrement réduit ses capacités de formation. Le programme, en effet, lorsqu'il est élaboré vraiment par le regroupement des professeurs, devient aussi bien un outil de formation qu'un outil de gestion. On l'applique, en effet, collectivement, on en nuance ensemble les modalités d'adaptation, on enclenche sérieusement l'indispensable dialectique entre les concepteurs et producteurs de cours et ceux qui en font la consommation.

Sans une telle revalorisation des programmes, la formation de base risque fort de ne jamais avoir lieu.

*Spécialisation à outrance*

Il faudra malheureusement aller plus loin. Il semble, en effet, que les universités québécoises francophones poussent, dès le premier cycle, le culte de la spécialisation à des niveaux qu'ignorent encore leurs consoeurs. Cela surprendra sans doute tous ceux qui croient que la spécialisation à outrance que vivent nos étudiants universitaires nous est dictée par les modèles anglo-canadiens et américains.

> Dans le cas d'un programme spécialisé de baccalauréat, le Règlement du premier cycle [de Laval] prévoit que le nombre de crédits attribués aux cours de la discipline du programme peut atteindre 84, 99, 114 ou 129 crédits selon qu'il s'agit d'un programme de 90, 105, 120 ou 135 crédits. Il s'agit d'un taux très élevé de spécialisation. Il suffit de comparer l'annuaire des programmes de premier cycle de l'Université Laval avec celui d'autres universités nord-américaines pour s'en convaincre.
>
> En 1972 et 1973, la Commission des études avait fait une telle comparaison, en limitant toutefois son examen à quelques universités (Yale, UBC, Université de Toronto, McGill). Les ouvrages que nous avions nous-mêmes consultés sur le sujet nous semblent confirmer les conclu-

sions de ces documents de la Commission des études, à savoir: que «la notion de formation universitaire est beaucoup plus souple dans les universités anglophones qu'à Laval»; que les universités américaines «ne connaissent pas nos baccalauréats spécialisés»; qu'elles «exigent la spécialisation d'une majeure [à Yale, 36 crédits] pour l'admission à la maîtrise qui se fait en une durée égale à celle exigée dans nos universités francophones» et que «dans les universités canadiennes, le baccalauréat spécialisé de type «honours» ne va guère plus loin que 60 crédits» (p.174 et 175).

Si, par conséquent, les universités francophones du Québec incitent à une extrême spécialisation dès le premier cycle ou si, du moins, elles la tolèrent, elles ne sauraient en imputer la responsabilité à un quelconque courant nord-américain ou canadien-anglais. *Responsabilité québécoise?*

Bien plus, elles ne peuvent pas imputer la responsabilité d'une telle orientation aux corporations professionnelles ou, du moins, pas à toutes. Certaines professions, au contraire, font pression pour que la formation donnée à leurs futurs membres soit plus large que ce que suggérerait la tendance spontanée des universités. Plusieurs observateurs particulièrement au fait de la réalité et de la diversité universitaires affirment même ceci, qui en surprendra plusieurs: la formation de base est davantage valorisée par les facultés dites scientifiques (médecine, génie, etc.) que par les facultés perçues comme plus culturelles (lettres...).

Ainsi, comme le révèle une note du rapport Dion, les normes édictées par le Bureau canadien d'accréditation du Conseil des ingénieurs incitent à une formation universitaire nettement moins spécialisée que ce que les universités francophones sont portées à permettre ou même à exiger. Les normes promulguées par le Conseil canadien des ingénieurs sont même, de l'avis de la commission Dion, «un modèle dans le genre, du moins en ce qui concerne le contenu des études». Qu'on en juge:

On y exige, sur une formation de quatre ans, une demi-année de sciences humaines et sociales, une demi-année de sciences de base, une demi-année de mathématiques, une demi-année de sciences du génie, une demi-année de conception et de synthèse, une année d'échange entre les sciences du génie et de la conception et synthèse. Les normes laissent une demi-année de marge de manoeuvre.

Voilà donc des surprises de plus quant aux orientations des universités francophones du Québec. En premier lieu, elles ne placent pas toutes le premier cycle sous le signe de la formation générale. En second lieu, elles vont même quelque peu à contrecourant en faisant la part trop belle à une surspécialisation prématurée.

Mais, dira-t-on, est-ce si nécessaire, dans un monde comme le nôtre, de tenir autant qu'on le faisait autrefois à une formation de base et à une culture générale? Ne devons-nous pas, même si certains courants modernes poussent encore dans une autre direction, prendre résolument le virage de la spécialisation? N'avons-nous pas, au Québec, un retard à combler et n'avons-nous pas raison, dans cet esprit, de lancer les étudiants du premier cycle dans une spécialisation aussi intense et aussi hâtive que possible? Les autres universités ne desservent-elles pas des milieux qui ont d'autres priorités que nous?

*Oui à la spécialisation*

De telles questions font évidemment écho à des opinions largement répandues. De nombreux jeunes et bien des parents raisonnent d'ailleurs de cette façon: nerveux devant ce que l'avenir prépare aux prochaines générations, les étudiants et leurs parents font, en effet, partie des groupes qui prêchent avec une éloquence nerveuse en faveur d'une spécialisation hâtive et massive. À cela s'ajoute la pression de maints chercheurs et surtout des «entrepreneurs en recherche» qui aiment bien offrir à d'éventuels commanditaires les services d'un module ou d'un département universitaire hautement spécialisé. On ne saurait donc se surprendre que, munie de tels appuis et poussée par de telles pressions, la spécialisation impose déjà sa loi un peu partout dans les universités québécoises.

Ce qui étonne, c'est, d'une part, que d'autres universités, y compris les universités anglophones du Québec, résistent davantage à ce glissement vers la spécialisation à outrance. C'est, d'autre part, que la commission Parent ait autrefois endossé, quoique avec des nuances, ce plaidoyer en faveur de la spécialisation. Il s'est heureusement trouvé, ici et là dans les universités québécoises, des îlots de réflexion suffisamment lucides et autonomes pour ne pas emboîter le pas à l'étonnant éloge de la spécialisation hâtive offert par le rapport Parent.

*Une résistance*

Un exemple illustrera cette lucidité et cette liberté de pensée. Il y a déjà vingt ans, c'est-à-dire en 1968, le groupe de travail mis sur pied par l'Université Laval pour la guider dans le développement et la planification de son enseignement et de sa recherche montrait clairement ses couleurs:

*En 1968: le rapport Roy*

> Nous croyons que la formation de base des candidats est l'objectif primordial du premier cycle: la très grande majorité des programmes d'études doivent être assouplis et ainsi permettre, à la fois, la formation intellectuelle et l'acquisition des connaissances indispensables à l'exercice d'une profession. On y arrivera, pour une bonne part, en éliminant des programmes d'études les cours destinés à la transmission pure et simple de l'information (p. 60).

Le rapport Angers, en 1979, dira substantiellement la même chose et se démarquera donc, lui aussi, du rapport Parent.

*En 1979: le rapport Angers*

> [...] nous estimons de la plus haute importance que l'université ne se borne pas à communiquer à ses étudiants la science en devenir. La formation qu'elle dispense doit aussi préparer l'ensemble des étudiants à prendre part de façon consciente à l'aventure technique, culturelle, scientifique, spirituelle où gravitent toutes les notions et qui entraîne toutes les collectivités. [...]

Cette tâche donne à la mission de formation propre à l'université son sens le plus riche et le plus substantiel. Elle va à l'encontre d'une formation étroitement spécialisée. (Comité de coordination, p. 43.)

*Mais, en 1964 : la commission Parent*

Une telle prise de position, qu'on trouvera désormais dans tous les rapports, allait directement à l'encontre de certaines pages consacrées par le rapport Parent à l'enseignement universitaire. On a beau tenir compte, en effet, de ce qu'était le contexte au moment du rapport Parent et du biais prononcé des collèges classiques en faveur de la formation fondamentale, il n'en demeure pas moins que, quatre ans avant le rapport Roy qu'on vient de citer, *la commission Parent invitait l'université québécoise à évacuer le champ de la formation générale.* Les motifs de la commission Parent étaient divers: les universités sont généralement mal préparées à combler les lacunes des étudiants en matière de culture générale, l'enseignement universitaire est donné par des spécialistes dont très peu acceptent d'être des «généralistes», les étudiants sont pressés de passer aux études plus spécialisées et subissent l'enseignement général comme une corvée, les universités auront beaucoup à faire pour faire progresser la recherche et l'avancement avancé au-delà du premier cycle, etc. Tous ces motifs conduisaient la commission Parent à encourager une spécialisation significative dès le premier cycle universitaire et même dès le pré-universitaire:

*Ses conclusions*

314. Ces conclusions viennent renforcer notre recommandation du chapitre VI, à savoir que l'université devra abandonner la responsabilité de la formation générale qui lui incombe trop encore, de façon à pouvoir se consacrer à un enseignement vraiment spécialisé. La formation générale devra être donnée par l'enseignement secondaire et complétée par l'enseignement pré-universitaire et professionnel. Ce dernier permettra aussi, comme nous l'avons vu, une meilleure orientation des étudiants et un début de spécialisation.

[…] De plus, la distinction entre l'enseignement secondaire et pré-universitaire d'une part, l'enseignement supérieur d'autre part, sera plus nettement établie: on n'attribuera plus à ce dernier une fonction de formation générale, il ne sera chargé que d'un enseignement spécialisé.

Comme pour se disculper d'avance devant l'histoire, la commission Parent ajoutait ensuite certains bémols à sa proposition. Il faudrait, par exemple, selon elle, tenir compte du marché, peut-être laisser à l'étudiant le choix entre deux types de diplômes de premier cycle, etc.

*Ses bémols*

Ces bémols tardifs et gênés que la commission Parent apportait ainsi à sa propre proposition ne l'avaient pourtant pas empêchée d'aller nettement plus loin que ne l'exigeait la situation. (Ce n'est d'ailleurs pas faire injure aux commissaires que de constater, vingt-cinq ans plus tard, qu'ils n'avaient pas tout prévu!) En effet, à force de vouloir établir les droits et la nécessité de la spécialisation face à une formation classique pleine de suspicion à l'égard de la spécialisation, la commission Parent avait abouti à repousser le pendule trop loin dans la direction opposée: d'une formation fondamentale trop envahissante, il fallait, disait-elle, passer à une spécialisation poussée dès le premier cycle universitaire et même préparer dès le collège le virage vers la spécialisation. D'une façon typiquement québécoise, on voulait semoncer une certaine culture et on lui rompait la nuque!

Il est intéressant, et plus facile après coup, de voir à quelles pressions et à quelles impressions cédait la commission Parent en définissant la spécialisation comme la règle majeure du premier cycle. Rappelons-les: trépignements d'impatience des étudiants qui veulent qu'on les prépare enfin à la «vraie vie», propension des professeurs spécialisés à ne vouloir se concentrer que sur leur spécialité, force d'attraction des deuxième et troisième cycles, désarroi des universités face aux lacunes de la formation

*Sa règle majeure du premier cycle*

générale... On admettra que pareil diagnostic n'a guère vieilli!

Est-ce à dire qu'une lecture aussi correcte de la situation justifiait le virage vers la spécialisation hâtive? Fallait-il vraiment, face à l'affolement étudiant et à l'«appel des sommets» entendu par les professeurs, plier et accepter à n'importe quel prix de rassurer les premiers et de combler les seconds? On peut en douter.

*On faisait fausse route*

Chose certaine, plusieurs réflexions universitaires ont rapidement contredit la thèse adoptée par la commission Parent. Celle du groupe dirigé par Lorenzo Roy aura eu le mérite de voir très tôt, dès 1968 en fait, qu'on faisait fausse route en encourageant la spécialisation à outrance et surtout en confortant les tendances des étudiants et des professeurs au culte hâtif du pur «sectoriel». Sans nier que le premier cycle doive conduire à la spécialisation, on souhaitait que d'autres priorités, celle de la formation générale entre autres, gardent leur importance.

Dix ans plus tard, quelque quinze ans donc après le rapport Parent, la réflexion universitaire aura encore progressé. On maintient le cap sur la formation générale et on conserve une place aux études spécialisées dès le premier cycle, mais on perçoit et on décrit plus finement les liens et les aménagements entre les deux mondes.

*Une autre interprétation*

Par exemple, sans jamais contredire la lecture de la réalité qu'avait faite la commission Parent, on l'interprète d'une tout autre façon. On identifie les mêmes forces et on reconnaît tout autant leurs pressions sur l'université, mais on ne tire pas du tout comme conclusion que l'université doive céder. On lui demande plutôt de rester fidèle à sa mission et de procéder aux virages nécessaires. Elle n'est pas équipée pour offrir une formation générale? Qu'elle s'équipe en conséquence, en s'inspirant au besoin des expériences anglo-canadiennes ou américaines.

La tendance à l'hyperspécialisation n'est pas propre aux universités québécoises, nous l'avons vu. Elle semble prendre ici plus de relief qu'ailleurs. Comment expliquer ce fait? Il nous semble que cela tient, sinon exclusivement du moins certainement, à ce que les autres universités nord-américaines ont traditionnellement considéré la culture générale (*general education*) comme un objectif du premier cycle universitaire et que chaque institution a traduit cet objectif à sa manière dans des règles de programmation (*distribution requirements*), laissant une partie seulement du programme de l'étudiant sous le contrôle des départements ou des comités de programmes.

La situation qui prévaut dans les universités francophones du Québec est toute différente. Chez nous, la fonction d'assurer la culture générale de l'étudiant était traditionnellement confiée aux collèges classiques affiliés, supervisés par la faculté des Arts, et, fait à noter, l'université sanctionnait cette étape par l'attribution d'un diplôme de «baccalauréat ès arts». Par rapport à l'étudiant qui s'inscrivait chez elle, le rôle propre de l'Université était d'assurer la spécialisation dans une discipline ou la préparation à l'exercice d'une profession. La totalité du programme de formation pouvait donc être confiée au département ou, plus récemment, au comité de programme, d'où la situation originale où nous nous trouvons maintenant (Rapport Dion, p.177).

N'en déplaise, par conséquent, aux auteurs du rapport Parent, plusieurs des plus importantes réflexions universitaires québécoises insistèrent donc, avant comme après ce rapport, sur la nécessité pour le premier cycle universitaire de se préoccuper de la formation générale. En cours de route, un élément important s'ajoute cependant à l'évolution des idées: au lieu de toujours opposer la formation générale et l'approfondissement d'une discipline particulière, on insiste désormais pour que les étudiants soient amenés à trouver leur formation générale au moins en partie à l'intérieur même de leur discipline. Ils n'auront pas, leur dit-on, à se disperser. Ils auront plutôt à approfondir leur domaine de connaissances et à y puiser plus de formation que d'information.

*En 1979:*  Il était temps que de telles choses soient dites. En
*la commission* effet, la «réflexion de deux étudiants en génie», présentée
*Dion* en mars 1979 devant la commission Dion, illustrait de façon éloquente et tragique la dérive de l'université. Le témoignage des deux étudiants était d'autant plus percutant qu'il provenait d'un secteur scientifique où la mode est plutôt à l'hyperspécialisation hâtive.

*Deux étudiants* L'étudiant en Sciences et Génie subit plus que quiconque
*témoignent* les méfaits de la spécialisation. En effet, dès le secondaire III, on insiste sur la spécialisation en sciences aux dépens d'une formation générale. Par la suite, le cégépien se voit contraint à concentrer ses efforts dans le domaine des sciences fondamentales, gaspillant sa dernière chance d'acquérir des connaissances générales dans un milieu dirigé. Par la suite, l'Université complète le travail en lui imposant un programme spécialisé, dans lequel certains cours de technique administrative ou de gestion se voient qualifiés de «cours d'humanités», comme pour satisfaire les consciences (Rapport Dion, p. 182).

On aura compris, au passage, que le maquillage de certains cours en «cours d'humanités» semble bien avoir pour objectif de tromper le Bureau canadien d'accréditation des ingénieurs, ce Bureau qui exige que la formation universitaire des ingénieurs comprenne au moins une demi-année de sciences humaines et sociales... Comme quoi certaines facultés et certains départements universitaires répugnent tellement à la formation générale qu'ils ne donnent même pas celle que les corporations professionnelles leur demandent d'offrir.

*Répugnance* Peut-être est-il temps, dans cette description de la
*à la formation* répugnance presque viscérale de nos universités franco-
*générale* phones à l'égard de la formation générale, d'attacher de l'importance à l'«effet de système». En d'autres termes, peut-être faut-il prendre conscience des conséquences catastrophiques qu'entraînent dans toute la pyramide académique certaines toquades universitaires. Soyons plus précis encore: l'acharnement de nos universités francophones

à valoriser la spécialisation par-dessus tout les a conduites à exiger, en plus de la leur, la spécialisation du secteur collégial.

Le professeur Antoine Baby, à qui on demandait ce qu'il pensait des «premiers vingt ans des cégeps», rendait à cet égard un témoignage dévastateur.

*Les cégeps offerts en pâture*

> [...] au printemps 1967, eut lieu ce qui devait rester dans ma mémoire comme «le massacre de Saint-Hyacinthe». Le massacre de Saint-Hyacinthe, c'est une opération gouvernementale dont les assises eurent lieu, curieux hasard, à l'École de médecine vétérinaire de Saint-Hyacinthe. Une vaste consultation, disait-on. En réalité, ce fut le moment choisi par le ministère de l'Éducation pour donner les cégeps naissants en pâture à l'appétit vorace des universités (Colloque CEQ sur l'avenir du cégep, novembre 1987, Actes, p. 8).

Quand le professeur Baby parle de cégeps offerts en pâture aux universités, il signifie par là que les universités n'ont été que trop heureuses, sauf peut-être dans leurs facultés d'éducation, de faire main basse sur la réforme de l'éducation. En plus de ne pas assumer leurs propres responsabilités en ce qui a trait à la formation générale, les universités exigèrent alors que les cégeps aident de leur mieux à une spécialisation hâtive des étudiants. De l'avis de monsieur Baby, seules les facultés des sciences de l'éducation refusèrent d'emboîter le pas.

> D'autres groupes de facultés, notamment les facultés de sciences et de génie et celles des sciences de la santé, firent preuve de beaucoup moins de retenue. Elles s'adonnèrent à un tel carnage qu'elles allèrent jusqu'à vouloir farfouiller dans la «complémentarité». L'asservissement de certains cégeps aux diktats de ces facultés fut tel que leurs premiers formulaires d'admission ne demandaient même pas aux étudiantes et étudiants dans quelle concentration elles et ils voulaient s'inscrire, mais bien dans quelle faculté ou quel domaine d'études universitaires elles et ils désiraient éventuellement être admis au terme de leur cégep (*Ibid.*, p. 8 et 9).

*Un motif d'espoir*

Après vingt ans de ce qu'il considère comme une dérive inexorable vers une spécialisation outrancière, Antoine Baby voit enfin un (fragile) motif d'espoir:

> [...] la question semble préoccuper de plus en plus les milieux universitaires. Je n'en veux pour preuve que l'ensemble des mesures adoptées, il y a quelque temps, par l'Université Laval et qui visent à introduire dans les programmes de premier cycle qui sont parmi les plus spécialisés, les plus monolithiques et les plus unidimensionnels en Amérique du Nord, un minimum de dix-huit crédits de formation fondamentale. Remarquez que l'adoption de ce règlement ne règle pas tout et qu'il peut s'écouler un joyeux bout de temps avant que les universitaires ne s'entendent sur ce qu'est la formation fondamentale. Mais il n'en reste pas moins que cela indique à tout le moins une tendance (*Ibid.*).

*Que veut le premier cycle?*

Au total, le premier cycle ne sait pas trop ce qu'il veut. Quand il écoute les parents, les étudiants, les professeurs, il éprouve le besoin de favoriser la spécialisation hâtive et massive. Pourtant, s'il faisait confiance à ceux et celles qui connaissent les tendances des autres universités nord-américaines, il exigerait plutôt que lui soit confié un mandat clair du côté de la formation fondamentale et de la culture générale.

*La formation générale c'est...*

Ce mandat ne serait d'ailleurs pas aussi brumeux que certains le redoutent. En effet, même si tous ne sont pas d'accord sur la définition à donner à la culture générale, on admet volontiers dans la plupart des milieux que la formation générale comprend, comme strict minimum, la «capacité de parler et d'écrire clairement et correctement dans sa langue», l'«aptitude à raisonner correctement», l'«ouverture de l'esprit par la connaissance de l'histoire et d'une autre civilisation que la sienne» et la «connaissance de la méthode propre aux principaux types d'activité rationnelle». Ce n'est pas beaucoup, mais c'est en train de devenir rare! Exiger au moins cela ne semble donc pas excessif.

Revenons un instant sur le cégep. Certains, on le sait, veulent plus que jamais délester le premier cycle universitaire de toute responsabilité à l'égard de la formation générale. Lorsque ce stade de la scolarité est atteint, il serait grandement temps, selon eux, de consacrer l'essentiel des énergies aux travaux de recherches et à la publication. Ceux-là se contentent donc de hausser les épaules lorsqu'on leur signale les carences des étudiants du côté de la culture générale. «Nous ne sommes pas un cégep», disent-ils, avant d'accuser les stades scolaires précédents de n'avoir pas fait leur travail.

*«Nous ne sommes pas un cégep»*

Cela, qui n'est pas neuf, rappelle qu'il est urgent et qu'il serait fécond d'assurer un meilleur arrimage entre le collégial et l'université. En évitant, par exemple, de donner parfois tous les deux des cours identiques, l'ordre collégial et l'ordre universitaire dégageraient sans doute suffisamment de ressources et d'espace pour accorder son dû à la formation fondamentale sans trop sabrer dans le reste.

Si le premier cycle offert par la plupart des universités francophones du Québec doit un jour cesser de s'immoler sur l'autel d'une spécialisation affolée, ce sera parce que l'ensemble des professeurs seront revenus à une conception plus large, plus humaniste aussi, de leur rôle. Entendons par là que le professeur, s'il doit se comporter à certains égards comme le spécialiste d'un secteur, doit être, d'abord et avant tout, un *spécialiste de la finalité*. Le professeur, en effet, est, au sens le plus fort du terme, celui qui *sait*. Il sait proposer des cheminements à des gens qui commencent leur vie, il sait situer telle ou telle discipline dans la grande aventure humaine, il sait percevoir les enjeux déontologiques dont trop de scientifiques ne soup-

*Le professeur, c'est celui qui SAIT*

çonnent même pas l'existence, il sait conduire à l'autonomie, il sait initier les jeunes professeurs (et les chargés de cours) aux exigences d'un vrai programme et tenir compte de leur contribution pour enrichir le programme... Un de ces authentiques «savants» exprimait ainsi cette large et riche compréhension du rôle professoral: «On a tous le même métier. On devrait être un professeur qui enseigne l'histoire et non un historien qui enseigne l'histoire, un professeur qui enseigne la physique et non un physicien qui enseigne la physique...»

# 8

# *L'extérieur est-il un test ou une tentation?*

Dans la logique moderne, il semble impérieux et urgent de jeter d'innombrables et larges passerelles entre le monde de l'enseignement et l'industrie ou le commerce. Un enseignement qui prétendrait se tenir à distance des problèmes concrets et immédiats qui confrontent les gouvernants ou les magnats des affaires serait considéré comme traître à sa vraie mission ou à tout le moins imprudent. La bonne formation consiste, en effet, d'après les goûts du jour, à réduire à aussi peu de chose que possible la distance entre ce que présente le cours universitaire et ce qu'il est convenu d'appeler «la vraie vie».

À peu près toutes les institutions universitaires considèrent donc comme autant de bénédictions célestes les demandes qui leur parviennent du monde des affaires et de l'industrie. Si, en effet, un capitaliste particulièrement rentable adresse une demande à un chercheur ou à un groupe de recherche de nature universitaire, il rend du même coup hommage au caractère original, astucieux, pragmatique et éminemment fécond des travaux conduits

*Les demandes du monde des affaires et de l'industrie*

par ce chercheur ou par ce groupe. On n'aurait pas fait appel à ce chercheur ou à ce groupe si sa recherche ou leurs travaux s'en tenaient à de stériles abstractions. Et que je me félicite donc de la commande que m'adresse l'industrie! Et que je valorise ceux de mes chercheurs qui attirent ainsi l'attention et peut-être les capitaux de l'entreprise privée! Et que je m'efforce de faire pénétrer à l'intérieur de l'université toutes les entreprises et tous les bailleurs de fonds imaginables et que je m'efforce de multiplier les stages de mes étudiants à l'intérieur même de l'usine ou du «vrai milieu de travail»...!

*L'université veut être utile*

Semblable obséquiosité de l'université à l'endroit de l'entreprise, du service gouvernemental et du monde de l'emploi en général part d'un sentiment fort louable: l'université veut être utile. Elle ne veut pas mériter aujourd'hui le reproche qui lui a fait mal si longtemps, celui d'être une tour d'ivoire, c'est-à-dire un monde clos, fermé sur lui-même, voué à la formation d'une élite ou d'une noblesse à jamais incapable de porter sa part des responsabilités collectives. L'université se colle au monde du travail parce qu'elle veut, presque d'heure en heure, vérifier le caractère fonctionnel, adapté, rentable de son enseignement. On peut regretter que l'université aille trop loin dans ses concessions au monde du travail; on ne saurait lui reprocher ce désir intense de produire des diplômés qui soient aptes, partout où on les emploiera, à prendre le relais.

On peut d'autant moins reprocher à l'université de s'interroger constamment sur l'utilité de son enseignement que les bailleurs de fonds, aussi bien ceux du secteur public que ceux de l'entreprise privée, insistent pour qu'on leur fasse la démonstration de l'efficacité universitaire. Il y a dix ans, alors que le revenu total des universités québécoises n'était que 670 millions de dollars, le langage des évaluateurs était déjà truffé de chiffres. Ainsi Roch Bolduc écrivait alors ceci, dans un texte sur «L'accountability des universités»:

Quand les coûts se promènent à 4 000 $ et 6 000 $ par étudiant, il n'est pas étonnant que le bailleur de fonds commence à se poser des questions; [...] Les rendements valent-ils le coût? [...] De 1956 à 1965 le rendement individuel et monétaire seulement était évalué de 15 à 20 %. De 1966 à 1972, de 10 à 12 %. De 1973 à ces dernières années, de 7,5 à 9 % (Cité par le rapport Dion, p. 22).

Il faut quand même sérier les problèmes. On ne peut, en effet, mettre sur le même pied les exigences de l'État, qui demeure le grand responsable du bien commun, et les pressions de l'entreprise privée, qui, elle, conserve toujours, jusque dans ses activités les plus philanthropiques, un certain espoir de profit. Il ne faut pas non plus dénoncer toutes les collaborations entre l'université et le secteur privé, pas plus qu'il ne faut les bénir toutes. On ne souhaitera donc pas que l'université s'isole de la société, pas plus qu'on ne souhaitera que l'université se mette servilement à la remorque des plus récents caprices de la mode.

*Les exigences de l'État, les pressions de l'entreprise privée*

La commission parlementaire aura quand même révélé certaines habitudes qui laissent songeur. Ainsi, les étudiants de Polytechnique signalaient l'existence d'un centre de développement technologique aux générosités inattendues:

> Au niveau du secteur entreprise, l'École polytechnique de Montréal abrite un centre de développement technologique qu'on appelle communément le CDT. Le mandat de ce centre est de promouvoir le développement technologique et les contacts avec l'industrie afin d'assurer le transfert technologique. L'association [des étudiants] estime que la rentabilisation du CDT devrait être atteinte à court terme.
>
> L'école favorise, d'autre part, la demande de brevets pour les découvertes de ses chercheurs. Nous savons que, dans le cas de rentabilité commerciale, la plupart des «inputs» d'argent vont à ses chercheurs et aux professeurs. Aucune autre entreprise que le secteur universitaire, à notre avis, n'offre un tel privilège à ses employés. L'école ne devrait pas remettre ces fonds aux chercheurs, mais plutôt dans le secteur de la recherche. Cela permettrait de rentabiliser le CDT (CE, p. 960).

*La logique du système universitaire*

Cette association d'étudiants exagère de deux manières. D'une part, en disant que telles récompenses n'existent nulle part ailleurs dans le circuit universitaire; d'autre part, en voulant absolument réduire à zéro la récompense qu'un chercheur universitaire peut recevoir pour une découverte rentable. Les étudiants ont quand même raison de s'interroger sur la logique du système universitaire quand cette logique conduit l'État à assumer toutes les dépenses de la recherche universitaire, puis à laisser aux seuls individus le loisir d'en recueillir tous les bénéfices. C'est une première façon d'établir une mauvaise passerelle entre l'université et le monde du profit.

*Les autres tâches rémunératrices des professeurs*

Il est à noter que d'innombrables professeurs d'université, en dépit d'invitations en sens contraire, vaquent en dehors de l'université à d'innombrables tâches rémunératrices, et cela, bien au-delà de ce qui est sain pour leur enseignement et leur recherche. Encore là, il faudrait savoir raison garder. Bien des activités extra-universitaires ont pour effet de féconder l'enseignement et la recherche, si bien qu'il serait néfaste de les interdire toutes. Par ailleurs, les limites sont carrément dépassées lorsqu'un professeur ne considère plus son bureau à l'université que comme un tremplin vers l'extérieur et comme le centre d'un ambitieux réseau d'opération. C'est une autre passerelle coûteuse et néfaste entre l'université et le monde extérieur; c'est malheureusement une passerelle que beaucoup empruntent, y compris d'ailleurs le gouvernement québécois! On nage alors en plein illogisme, puisque le gouvernement invite les universités à surveiller les activités extérieures de leurs professeurs, mais invite par ailleurs les mêmes professeurs à lui vendre leurs services. Tout ce que les récentes années ont changé dans ce domaine, c'est le nombre et la qualité des astuces inventées.

Parmi les trouvailles qui méritent au moins une mention, citons celle-ci: dans le contexte d'une entente (très actuelle) entre un gouvernement étranger et l'ACDI, une société privée canadienne obtient de l'ACDI un mandat de plusieurs millions de dollars pour la formation des cadres supérieurs de ce gouvernement étranger. La société privée, dont ce n'est évidemment pas la spécialité, embauche alors une brochette de professeurs d'université qu'elle rémunère au prix fort. Comme l'université qui emploie ces professeurs n'est pas partie à l'entente, qui vérifiera si ces contrats externes d'une série de professeurs ont ou pas d'heureuses retombées pour l'enseignement et la recherche? L'université, notons-le bien, n'ignore pourtant rien du contrat.

Un autre cas intéressant et tout aussi concret est celui de ce professeur d'université qui a sollicité et obtenu un poste à plein temps à l'intérieur du réseau carcéral. L'université qui l'employait n'a eu vent de cette nomination qu'au moment où l'administration pénitentiaire a demandé des informations sur le monsieur. L'université a alors fourni les renseignements demandés, mais a voulu savoir à quel moment ce professeur la quitterait pour assumer ses nouvelles fonctions. «Mais je ne quitte pas», de répondre le professeur. Selon lui, il n'y avait rien d'incongru à occuper deux fonctions à plein temps. L'université, qui ne voyait pas les choses du même oeil, a logé un grief... et l'a perdu.

*Deux fonctions à plein temps*

C'est pourtant dans la pression que le monde extérieur exerce, non plus seulement sur les individus, mais sur les programmes universitaires que se présentent les plus grands enjeux et les risques majeurs. Encore là, il ne s'agit pas de verser dans la paranoïa et de soupçonner de noirs complots dans chaque entente entre une université et une entreprise. Il convient, cependant, de ne pas glisser non plus dans la naïveté en croyant que l'industrie ne pense qu'aux intérêts de la collectivité lorsqu'elle offre sa collaboration à l'université.

Le témoignage des représentants de l'Alcan devant la commission parlementaire présente un cas concret de collaboration poussée:

*Collaboration poussée...*

À plusieurs reprises, nous avons eu l'occasion de confier à des professeurs ou à des équipes de l'Université du Québec à Chicoutimi, spécialistes des communications organisationnelles, de la santé-sécurité, des sciences appliquées, de la physiologie du travail — et j'en passe — des projets de recherche relatifs à des problèmes précis que nous rencontrions. Cette collaboration a donné l'occasion à nos gestionnaires d'obtenir l'avis d'experts en même temps qu'elle permettait aux professeurs et aux étudiants de vérifier leurs approches théoriques et leurs méthodes en milieu réel de travail.

---

**Président d'université attaqué pour avoir encouragé
les liens avec le monde des affaires\***

Le président de l'Université de Waterloo, Douglas Wright, fait l'objet d'attaques de la part des membres du corps enseignant, après les avoir encouragés à être entrepreneurs et consultants.

La controverse est née de commentaires qu'auraient eus M. Wright, dans un magazine, et selon lesquels il y aurait «des millionnaires qui se promènent dans les corridors» de l'université.

Dans cet article, paru dans une publication du ministère ontarien de l'Industrie, du Commerce et de la Technologie, le président aurait déclaré que les universitaires ont «en quelque sorte le devoir» de s'impliquer dans le secteur privé.

«Dans la plupart des universités, déclare M. Wright, c'est une sorte de «publie-ou-péris» qui décide du succès d'un professeur. Ici, jusqu'à un certain point, c'est plutôt la quantité d'entreprises qu'il possède ou auxquelles il est rattaché.»

M. Wright affirme que, même si l'université attache autant de prix que toute autre à l'excellence académique, elle croit que la réussite universitaire des professeurs «scholarly achievement» n'est pas négligeable.

Plusieurs professeurs de Waterloo, révèle l'article, passent jusqu'à une journée par semaine, comme consultants dans le secteur privé, à des tarifs quotidiens de 500 $ à 1 000 $.

> Selon l'article, l'Université de Waterloo, contrairement aux autres établissements canadiens permet à ses professeurs de s'approprier la technologie qu'ils mettent au point. De plus, certains universitaires sont associés comme membres fondateurs dans des compagnies.
> Ceci a permis à plusieurs professeurs de Waterloo de jouir «d'une richesse inhabituelle», dit l'article, ce qui a engendré une tempête de critiques dans le journal du campus. (*Globe and Mail*, 18 juillet 1988, p. A-4.)
> \* Traduction de l'éditeur.

De plus, Alcan a collaboré avec le module de génie unifié à mettre sur pied un système de tutorat mixte où l'on retrouve un professeur et un ingénieur d'Alcan qui, conjointement, encadrent le projet d'un étudiant de façon à lui donner une densité plus concrète. De 1979 à 1985, on compte plus de 80 de ces projets dont les sujets de recherche vont de l'étude d'un matériel granulaire pour l'absorption des pertes d'huile autour des transformateurs à la conception d'un échantillonneur automatique d'alumine, en passant par l'étude d'un système pour mesurer le solide liquide dans un décanteur et le développement d'un appareil servant à mesurer le profil de gelée dans une cuve électrolytique... (CE, p. 1139 et 1140).

Si le but de l'exercice consistait à démontrer que les ressources universitaires peuvent beaucoup pour résoudre les problèmes concrets et quotidiens de l'industrie, nul doute que le témoignage de la société Alcan a atteint l'objectif. Si, dans le même esprit, les exemples fournis aux députés visaient à démontrer qu'il est possible, par jonction avec l'industrie, de donner des visées infiniment concrètes (et rentables) aux travaux universitaires, là aussi l'objectif a été aisément atteint. D'autre part, il est certainement capital de savoir si les chercheurs ainsi conscrits et valorisés par l'industrie tirent de ces travaux de quoi étoffer et féconder l'enseignement et la recherche universitaires. Il est possible qu'il en soit ainsi. Il est possible,

*...intéressante et valorisante...*

par exemple, que la jonction entre l'UQAC et l'Alcan s'effectue au niveau des professeurs de deuxième et de troisième cycles et qu'il soit donc avantageux pour l'université d'offrir à des chercheurs déjà presque parvenus à maturité des sujets de recherche intimement liés à des difficultés concrètes.

*...mais peut-être risquée*

Malheureusement, il est aussi possible que les pressions de l'extérieur conduisent une université à privilégier les priorités de l'extérieur autant et plus que ses propres fins. La suite du témoignage des porte-parole d'Alcan devant la même commission parlementaire permet au moins des doutes. (Pour simplifier, j'adopte ici comme code **Q** pour question d'un élu ou d'une élue et **R** pour réponse de l'Alcan.)

> **Q.** — Comment l'Université du Québec, avec les moyens qu'on lui connaît, peut-elle être utile à une entreprise comme la vôtre qui possède déjà des moyens considérables?
>
> **R.** — Elle est déjà utile sur le plan de l'effervescence scientifique. Une université qui serait seule dans le bois verrait aussi à péricliter assez rapidement (?) et c'est la même chose pour nos centres de recherche. Les chercheurs qu'on a chez nous ont besoin d'être dans un milieu où ils peuvent échanger, accroître leur performance, accroître leurs connaissances, pouvoir discuter avec d'autres personnes qui ont des doctorats ou des maîtrises et, ce point-là, l'université le joue très bien. Les liens entre le centre de recherche que nous avons à Arvida, ou à Jonquière, et l'université fonctionnent depuis déjà nombre d'années. Nous avons chez nous, au centre de recherche à Arvida, 23 chercheurs au niveau du doctorat; nous avons 18 chercheurs au niveau de la maîtrise et 20 au niveau du baccalauréat (CE, p. 1143).

*Qui tire ses marrons du feu?*

On le constate ici, la passerelle jetée entre une entreprise majeure et une université en région incite à se demander lequel des deux partenaires, de l'UQAC et de l'Alcan, tire le mieux ses marrons du feu. De toutes manières, la suite de l'interrogatoire mérite aussi une lecture attentive:

**Q.** — Est-ce que la pratique, chez vous, est de payer la totalité des frais indirects? Comment cela se présente-t-il?

**R.** — Cela peut prendre différentes formes. Évidemment, si c'est quelqu'un de l'université qui vient frapper à notre porte et qui nous dit: On aimerait bien faire une recherche dans un certain domaine, à ce moment-là, nous nous servons beaucoup plus des laboratoires et l'aide financière se limite à très peu sauf le fait d'assigner des ressources de chez nous pour pouvoir mieux encadrer ou aider le chercheur qui est dans nos installations.

Nous avons des projets qui sont une commande directe à l'université. Le projet que nous avons actuellement, qui en est à sa deuxième année, est pour améliorer la captation des gaz sortant de nos épurateurs. Nous avons payé ce projet ou nous allons le payer, comme n'importe quel autre projet qui serait fait par une entreprise privée, c'est-à-dire que l'université nous dit: Voici la facture, si vous voulez que l'on fasse votre recherche. La première phase a coûté 100 000 $ et la deuxième en coûte 150 000 $. On paie l'ensemble des coûts, à ce moment-là (CE, p. 1144).

Le moins qu'on puisse dire, c'est que ces raisonnements ne respirent pas la philanthropie aveugle! Elle n'est pas exigible, bien sûr, mais l'exemple permet de rappeler que les entreprises ne se lient aux universités que si leurs bilans financiers y trouvent leur compte. On peut également se demander si l'Alcan, que certains soupçonnent de «pollution caractérisée», ne songe pas à rebâtir sa virginité en embauchant de crédibles et sympathiques chercheurs universitaires «pour améliorer la captation des gaz sortant de [ses] épurateurs». Si tel est le cas, l'université y gagne, bien sûr, un fascinant projet de recherche, mais n'y laisse-t-elle pas quelque chose de sa liberté? Demeure-t-elle libre d'étudier l'inefficacité des mêmes épurateurs?

Dès lors, à moins d'être résigné d'avance au rôle plutôt frustrant du dindon de la farce, ne faut-il pas que les universités définissent infiniment mieux qu'aujourd'hui les conditions, les paramètres, les règles de leur collaboration avec l'entreprise privée? Quand est-ce utile à la recherche proprement universitaire? Est-il sain de plonger

*Définir des règles de collaboration*

des chercheurs du premier cycle dans la spécialisation à outrance? N'est-il pas dangereux, surtout dans ces cas désormais fréquents où la masse critique de l'université en région n'est pas considérable, de laisser déferler librement sur l'université des forces extérieures qui peuvent aisément peser sur la spécialisation des chercheurs et des professeurs? Doit-on alors rejeter ou susciter la mise sur pied de programmes et de cours dont la seule véritable utilité relève de l'entreprise privée?

---

Ce risque de voir l'extérieur prendre de plus en plus d'ascendant sur les orientations de l'université n'est pas une vue de l'esprit. Dans telle université québécoise, on considère comme un enseignement «coopératif» le fait que la scolarité d'un étudiant comprenne aussi bien les cours dispensés par l'université que les stages qu'il effectue à l'intérieur d'une entreprise. Une telle coopération, théoriquement défendable, comporte des risques manifestes. Il incombe à l'université de préserver le droit de l'étudiant à une formation générale et de ne pas laisser le côté immédiatement utilitaire du stage l'emporter sur les besoins de formation.

Le fait qu'une bonne moitié des cours, de premier cycle tout au moins, soient dispensés par des chargés de cours et donc, dans une bonne proportion, par des praticiens souvent à l'emploi de l'entreprise privée, va aussi, j'imagine, dans le sens d'une osmose entre le monde du travail et le monde universitaire. Là encore, la vigilance s'impose.

*Maintenir ses distances*

À cela s'ajoute la tendance des gouvernements à augmenter sans cesse la place et le poids des «socio-économiques» dans les conseils d'administration des institutions universitaires. Cette propension n'a, en elle-même, rien de particulièrement scandaleux. D'une part, en effet, personne ne peut considérer comme aberrant de rapprocher la société de l'université. D'autre part, le fait est qu'une majorité d'universités nord-américaines sont chapeautées par des conseils d'administration qui font la part belle aux représentants du milieu socio-économique et même proprement économique. Encore faudrait-il se demander, avant de remettre naïvement le contrôle de toutes les universités québécoises à des personnalités presque toutes issues de l'entreprise privée, *comment il convient de choisir les administrateurs universitaires.* Peut-être faut-il également se demander si des universités qui tirent des fonds publics plus de 80 % de leur financement doivent obéir, en tout ou en partie, globalement ou par secteur, à la seule entreprise privée.

Rien, dans ces observations, ne justifie la paranoïa. Il s'agit de savoir si, en dérivant trop volontiers vers les exigences immédiates du monde extérieur, l'université y perd en liberté.

Citons encore, pour que nul ne me soupçonne de succomber à des inquiétudes trop personnelles, le rapport Angers:

> [...] la fonction sociale de l'université consiste à acquérir une conscience plus vive des mécanismes d'exploitation reliés à la science dans la société post-industrielle et à ne pas se laisser exploiter, le cas échéant, au profit de ce système. En d'autres termes, il s'agit pour l'université d'orienter la formation de ses membres et la recherche de ses équipes vers le progrès des équipements collectifs et l'extension des choix individuels, *de maintenir ses distances face à des travaux commandés par les grandes organisations, qui seraient effectués à leur profit à même les ressources du milieu, sans égard aux besoins ni aux aspirations du peuple* (mon italique). En remplissant ainsi ses missions, l'université exerce à la fois sa fonction sociale et sa fonction critique (Comité de coordination, p. 21).

# 9

# *L'accès à l'université: une question d'argent?*

De génération en génération, c'est-à-dire désormais presque chaque année, les porte-parole des associations étudiantes montent aux barricades (verbales) et revendiquent sinon la gratuité complète de l'instruction universitaire, du moins le gel des frais de scolarité à leur niveau actuel, c'est-à-dire au niveau d'il y a vingt ans. Jusqu'à maintenant, en dépit des pressions exercées par les associations étudiantes et par la plupart de leurs alliés traditionnels, les syndicats en tout premier lieu, le gel a été maintenu. À l'heure actuelle, les étudiants québécois, à quelques rares exceptions, comme celle des Hautes études commerciales, ne paient même pas la moitié des frais de scolarité généralement exigés dans les autres provinces canadiennes. Plusieurs, pourtant, considèrent ces frais comme un frein à la fréquentation de l'université.

Plusieurs associations étudiantes, comme celle de l'UQAC, interprètent le gel des frais de scolarité, non pas comme un anachronisme qu'il conviendrait de corriger par une hausse significative, mais comme une étape vers la gratuité complète.

Le problème des frais de scolarité est, en effet, un faux problème. On tente de faire croire à la population que les étudiants ont été choyés par un oubli du gouvernement, à savoir que le gel des frais de scolarité fut, en fait, quasi ignoré du gouvernement et que les étudiants ayant bénéficié si longtemps d'un sursis n'ont maintenant qu'à payer l'augmentation qui s'impose afin de réajuster leur contribution au financement des universités.

*Un choix de société*

En fait, il n'en est rien. Le gel des frais de scolarité est un moyen que le Québec s'est donné afin de tendre vers la gratuité scolaire qu'on ne pouvait se payer immédiatement. On a choisi délibérément de laisser se marginaliser lentement la contribution directe des étudiants au financement des universités, tandis qu'on s'affairait à trouver d'autres moyens et d'autres sources de financement pour combler le vide ainsi créé petit à petit dans le financement des institutions supérieures. Essayer de tendre vers la gratuité scolaire est un choix de société qu'a fait le Québec, rappelons-le (CE, p. 1158).

Dans certains cas, comme celui des étudiants de l'UQAC, le plaidoyer en faveur de la gratuité scolaire complète n'englobe pas nécessairement toutes les institutions universitaires. Ainsi, les étudiants de l'UQAC ne voient pas d'objection de principe à ce qu'existent des universités privées exigeant des frais de scolarité de 2 000 $, à condition, cependant, que le réseau public et donc l'Université du Québec au premier chef se rapprochent le plus vite et le plus complètement possible de la gratuité.

*L'augmentation des frais: une barrière*

**M. Ryan:** Je ne comprends pas très bien comment on pourrait faire cela après ce que nous avons fait au Québec depuis vingt ans. En soi, il n'y a pas de problème. Aux États-Unis, comme je l'ai dit tout à l'heure, il y a un système un peu comme celui que vous proposez. Mais, au Québec, après être allés vers une démocratisation beaucoup plus grande de l'accès à l'université, est-ce que cela ne serait pas un pas en arrière que de faire ce que vous proposez?

**Étudiants de l'UQAC:** En fait, M. le ministre, on croit que les universités traditionnelles ne seraient pas capables de relever le défi. Nous ne sommes pas de ceux qui croient que l'Université du Québec est une université de second ordre. Nous sommes confiants que l'université traditionnelle au Québec — et nous parlons de Laval, de McGill, de Bishop's et Montréal, évidemment — ne serait pas capable de relever le défi. Nous croyons que l'augmentation des frais de scolarité au Québec est une barrière suffisante à l'accessibilité qui fait en sorte que si on maintient un réseau public avec l'accessibilité, les universités traditionnelles ne seraient pas capables de relever le défi. On est prêt à les laisser essayer (CE, p. 1165).

La CADEUL, qui regroupe l'ensemble des associations étudiantes de l'Université Laval, ne fait pas la même distinction entre l'université publique et l'université privée, mais elle s'oppose tout aussi farouchement à une hausse des frais de scolarité. Elle croit, pour sa part, qu'une hausse substantielle des frais de scolarité dans les universités québécoises provoquerait «sans doute un exode vers des universités mieux qualifiées aux États-Unis, qui coûtent la même chose» (CE, p. 1198). *Insuffisance de ressources des étudiants*

L'argument le plus souvent mis de l'avant par les associations étudiantes pour demander à tout le moins le gel des frais de scolarité demeure pourtant le manque de ressources financières auquel les étudiants font déjà face. Cet argument est modulé de façon différente selon les institutions et selon les régions, mais il est récurrent. De cette insuffisance de ressources, constamment affirmée, on passe tout naturellement à la question de l'accessibilité: si, disent les associations étudiantes, le Québec exige davantage d'argent de la part de gens qui ne peuvent pas payer davantage, il s'ensuivra une baisse dans la fréquentation des universités, alors que le Québec a encore du rattrapage à faire de ce côté-là.

Les tenants du gel des frais de scolarité utilisent d'ailleurs cette notion de rattrapage (et quelques autres) *Et si on comparait?*

pour se débarrasser rapidement des comparaisons qu'on leur oppose au sujet des frais de scolarité encourus dans les autres provinces canadiennes ou aux États-Unis.

> **Mme Blackburn:** Lorsqu'on aborde la question des frais de scolarité, on fait des comparaisons, à mon avis, qui sont très faciles et qui risquent finalement de nous amener à des conclusions qui ne sont pas justes. Il n'est pas vrai d'affirmer que cela coûte plus cher aux États-Unis et en Ontario et qu'ils ont quand même un niveau de scolarité assez élevé, que cela aura les mêmes effets ici. On a une richesse collective plus basse — c'est connu — de 25 %. On a un taux de chômage plus élevé et j'ajouterais, si besoin était, qu'on a une tradition d'éducation plus faible. Comprenez bien qu'avec des frais de scolarité très bas et un régime d'aide financière aux étudiants qui se compare bien avec les autres provinces, on n'a même pas réussi à les rattraper. Il faut comprendre cette dynamique lorsqu'on s'engage sur le terrain des frais de scolarité: dans les conditions les plus avantageuses, on n'a pas réussi à les rattraper (CE, p. 880).

Le ton se fait plus désinvolte, mais l'argumentation demeure la même, lorsque le représentant de l'ANEQ prend la parole:

> Aussi, les comparaisons, parlons-en, c'est toujours boiteux. Quand on nous sort des exemples: Aux États-Unis, c'est 5 000 $, et cela donne ceci et cela donne cela, je pense que l'on oublie des grands bouts quand on ne spécifie pas, par exemple, que, dans certains États américains, quand tu paies 5 000 $, souvent c'est pour ta première année; ces 5 000 $ te donnent droit à ta chambre, à ton micro-ordinateur, à ton matériel et si tu réussis ta première année ou ta première session, après cela, c'est gratuit. Quand on fait des comparaisons, parfois on s'aperçoit que les gens tournent les coins un peu ronds et ne présentent pas l'ensemble des données. Aussi, faut-il le rappeler, des comparaisons, cela ne tient pas compte de la situation particulière du Québec, où le réseau d'éducation est là depuis quand même pas très longtemps, où les mentalités sont tout à fait différentes, où l'attitude que l'on a en tant que Québécoises et Québécois par rapport à l'éducation universitaire n'est pas aussi implantée qu'ail-

leurs, dans d'autres endroits, et des spécificités géographiques, par exemple, ou d'autre nature (CE, p. 1407).

Les témoignages qui vont en sens inverse ne manquent pas non plus. Ainsi, la Faculté de l'éducation permanente (FEP) de l'Université de Montréal, qui puise une forte proportion de sa clientèle parmi ceux et celles qui travaillent, ne croient pas qu'une hausse des frais de scolarité ait une influence sur l'accès à l'université. M. Jacques Léonard déclare: «De façon générale, je dirais non, pas plus qu'ailleurs». Et lorsque la porte-parole du Parti québécois insiste pour savoir si, dans cette FEP qui comprend 70 % de femmes parmi ses effectifs étudiants, les femmes ne seraient pas plus durement touchées par une hausse des frais de scolarité, elle reçoit, du moins en ce qui concerne les infirmières, la réponse suivante:

*Ce n'est pas une question de coût*

> **Mme Thibodeau:** J'ai fait une petite enquête auprès d'elles — non scientifique — pour savoir, si on est obligé d'augmenter les frais de scolarité, si cela va diminuer leur venue à l'université. Au contraire, elles trouvent que leurs besoins de formation sont tellement grands, tellement urgents, tellement prioritaires dans leur vie de travail qu'elles sont prêtes à payer le double pour avoir une place à l'université. C'est cela qui est fondamental chez elles et chez eux. On a environ 1 400 étudiants adultes (CE, p. 998 et 999).

Au passage, on apprend (ou du moins j'apprends) que l'École des HEC exige déjà des frais de scolarité de 750 $, soit des frais de 50 % supérieurs aux autres institutions universitaires, et cela, depuis des années. On apprend aussi qu'à l'automne de 1986 l'École des HEC a reçu, pour ses 650 places, 2 770 demandes d'admission. Les questions se multiplient aussitôt, comme il fallait s'y attendre, sur l'origine socio-économique des étudiants et des étudiantes.

> **Mme Blackburn:** À présent, vous nous dites, avec raison — les chiffres le démontrent — que cela n'a pas d'effet sur l'accès puisque la demande est plus grande que ce que vous êtes appelés à satisfaire. Avez-vous des données sur

l'origine de vos étudiants à temps partiel? Est-ce qu'ils viennent majoritairement de l'entreprise? Alors, l'essentiel de leurs frais de scolarité est déjà payé par l'entreprise qui les engage. Sont-ils en situation de perfectionnement ou de formation initiale? S'agit-il de jeunes ou d'aînés? S'agit-il d'hommes ou de femmes?

**Mme Harel-Giasson:** [...] Si nous parlons des programmes qui donnent des crédits universitaires à l'école, nous pouvons dire que nos étudiants du soir ont une provenance socio-économique passablement différente de celle de nos étudiants du jour. Par exemple, le pourcentage des étudiants à temps partiel dont les parents étaient eux-mêmes des administrateurs ou des commerçants, eh bien, chez nos étudiants du soir, c'est la moitié de ceux du jour. La différence est vraiment très marquée et on s'aperçoit que cette formule d'études, c'est à temps partiel, beaucoup plus que le prix des cours qui, chez nous, assure l'accès à une vaste partie de la population.

Le fait que les cours soient disponibles à des heures qui conviennent aux adultes et le fait que ces cours puissent permettre l'obtention d'un diplôme dans un horizon pas trop éloigné pour un adulte, c'est cela qui les rend accessibles et non pas leur coût puisque les programmes de certificats, par exemple, dont les frais sont plus élevés, sont ceux où les inscriptions sont les plus nombreuses. Il n'y a aucune corrélation entre le prix et le fait que le cours soit accessible ou pas. La corrélation existe entre la formule, c'est-à-dire temps partiel et cours dispensés à des heures qui conviennent à des adultes, ce qui évite cette longue période que j'appellerais de manque à gagner, qui est la période des études à temps plein et qui fait que les études à temps plein sont moins accessibles à toutes les couches de la population, ce que nous constatons bien dans nos statistiques à l'école (CE, p. 1390).

*Le statut quo*

N'en déplaise donc aux belligérants, rien n'a encore prouvé dans le passé ou ailleurs qu'une hausse des frais de scolarité ait réduit l'accès à l'université, mais rien ne prouve non plus d'avance qu'une hausse substantielle des frais de scolarité, dans un contexte comme celui du Québec, ne détournera pas de l'université un certain nombre de personnes intellectuellement douées, mais peu fortunées. On peut d'autant moins conclure que tous, des deux côtés de la barricade, vantent à qui mieux mieux les avantages pécuniaires et démocratiques des régimes de prêts et de bourses aux étudiants. Comme le débat porte sur les conséquences qu'aurait telle ou telle hypothèse et comme il n'est guère facile de simuler ces conséquences en laboratoire ou sur un ordinateur, le risque est grand de voir chacun demeurer sur ses positions. Pendant ce temps, les difficultés financières des universités demeurent criantes.

Jusqu'à maintenant, le statu quo a convenu aux étudiants et aux dirigeants politiques, mais il cause des ennuis croissants aux institutions. Ne pas décider, on le constate une fois de plus, c'est quand même décider: en l'occurrence, ne pas bouger, c'est trancher contre les universités au bénéfice des élus et de ceux qui fréquentent déjà les universités.

---

Le premier commentaire qui vient à l'esprit lorsqu'on examine ainsi la relation entre l'argent et l'accès à l'université a trait au fameux rattrapage que le Québec aurait tenté et réussi depuis la révolution tranquille. Il ne semble pas, du moins à en juger par le rapport Angers qui date, il est vrai, de quelques années, que la réussite soit si évidente. On peut d'ailleurs observer que les différents témoignages rendus devant la commission parlementaire de 1986, donc plus récemment, invitent eux aussi à douter d'un véritable rattrapage.

*Un «rattrapage» tenté mais, réussi...?*

> [...] ces quelques données, bien partielles, qui exigeraient d'ailleurs d'être complétées et analysées plus finement, semblent indiquer que, s'il y a bien eu croissance des effectifs universitaires au Québec au cours des dernières décennies, on ne peut vraiment dire que les objectifs visés aient pleinement été atteints. Cette croissance

n'a pas vraiment donné lieu à un «rattrapage» du Québec à ce chapitre; elle n'a même pas empêché le retard de s'accroître encore plus. Elle n'a pas éliminé les écarts considérables entre les francophones et les non-francophones du Québec dans l'accès à la formation universitaire; elle n'a pas assuré une réelle démocratisation de l'enseignement supérieur, les étudiants d'origine modeste étant nettement défavorisés dans leurs chances d'accès à l'université (Partie III, p. 15).

Il n'est pas clair non plus, ainsi qu'en témoignent divers rapports, que le rattrapage souhaité par le rapport Parent en ce qui a trait aux qualifications des enseignants ait atteint les objectifs.

*Le dogme de l'égalité: un voeu*

Le rapport Angers se montre tout aussi sceptique quant au lien entre le gel des frais de scolarité et la démocratisation de la formation universitaire.

L'étude des données concernant ce 10 % de la population (qui parvient aux études universitaires) révèle [...] qu'il s'agit avant tout d'individus des classes moyennes et aisées. **En fait, l'atteinte très partielle des objectifs d'égalité des chances nous amène à conclure qu'assurer l'égalité par la gratuité et l'uniformité est dans la réalité une politique socialement régressive. D'autres diront en termes plus radicaux que le dogme de l'égalité n'est qu'une intention, un voeu, mais que dans les faits, les plus aisés ne paient pas le vrai prix de ce qu'ils consomment et que le reste de la population paie la différence** (Comité d'étude sur l'université et la société québécoise, p. 72).

D'autres sources, dont la plus fiable est peut-être la commission Carnegie, formulent, d'autre part, de pressantes invitations à ne pas confondre la bienveillance qu'une collectivité doit manifester à sa jeunesse et les réclamations que peut formuler la jeunesse déjà avantageusement scolarisée.

The Commission recommends:

The total postsecondary age group should become more the subject of concern, and attention should be comparatively less concentrated on those who attend college.

Public policy should be directed to improvement of existing channels into adult life and to the creation of new channels — college being only one of several preferred channels.

Open-access opportunities should be provided into most and perhaps all of these channels and such access should be subject to public financial support where and as appropriate and not restricted to college attendance alone (*A Digest of Reports of the Carnegie Commission on Higher Education*, 1973).

Le moins que puisse faire notre démocratie, c'est de vérifier l'existence de ce lien direct que certains prétendent voir entre le gel des frais de scolarité et la promotion des jeunes défavorisés. Ce lien, en effet, n'est pas évident, mais il est sûrement coûteux et très probablement discriminatoire.

# *10*

## *Le chargé de cours: monstre ou victime?*

On a beaucoup parlé des chargés de cours récemment. Parce que leurs conditions ont été davantage révélées et ont été jugées inadmissibles. Parce qu'ils se sont syndiqués. Parce qu'ils ont même recouru à la grève. Il semble pourtant que le rôle et le contribution des chargés aux tâches universitaires soient encore fort mal connus. Ils sont regardés de haut par les «vrais» professeurs, jugés à jamais inaptes à la recherche, peu intégrés à la vie universitaire. Pourtant, universités et «vrais» professeurs ne s'accommodent que trop bien d'un système où les chargés de cours assurent à eux seuls la moitié des cours du premier cycle.

Parce qu'elle reflète avec une netteté et une virulence particulières l'opinion de plusieurs professeurs d'expérience, la description suivante mérite d'être citée:

> Les contraintes économiques des années 1970 ont conduit les universités à tirer parti d'une ressource abondante: les étudiants gradués — normaux ou «à vie» — pour assumer à bas prix, c'est-à-dire à 50 %, des cours du premier cycle. Ce faisant, elles ont enfanté un monstre: la caste

misérable des chargés de cours professionnels et permanents. *Normalement*, un chargé de cours devrait être un étudiant au doctorat qui, à temps partiel, s'initie à l'enseignement tout en faisant sa thèse. Or, aujourd'hui, un trop grand nombre de chargés de cours ne sont plus de vrais étudiants gradués, mais des «permanents» sous-payés de l'enseignement. D'ailleurs, sans avenir. Sans doctorat et sans recherche à leur crédit, ils n'ont aucune chance (à moins que le pouvoir syndical l'emporte un jour sur la compétence) de devenir professeurs. Avec la décroissance des inscriptions, on verra peu à peu disparaître cette caste «monstrueuse».

Et si les inscriptions se maintiennent, l'augmentation des salaires des chargés de cours et les coûts occasionnés par leur militantisme (i.e. grèves, etc.) vont pousser les universités à les remplacer par des professeurs réguliers. (Commentaires remis à l'auteur.)

*Une caste misérable*

Cette opinion, qui ne manque certes pas de justesse, est une première façon de distinguer diverses catégories de chargés de cours. Il faut cependant prolonger cette évaluation. Un autre professeur, avec tout autant de justesse, observe, par exemple, que le recours au chargé de cours se justifie en diverses circonstances. Tantôt, en effet, la charge de cours est une occasion de formation pour le futur «docteur». Tantôt, le chargé de cours est un professionnel engagé dans le marché de travail, mais dont l'université requiert les services à temps partiel parce qu'il constitue une compétence irremplaçable. Tantôt, le chargé de cours intervient pour remplacer un professeur malade ou jouissant d'une absence sabbatique... Dans tous ces cas, estime cet observateur, la présence du chargé de cours se justifie pleinement.

De fait, tous les chargés de cours n'entretiennent pas les mêmes ambitions. Ceux dont on vient de parler ne se plaignent pas trop de la situation. S'ils sont déjà engagés à plein temps dans une vie professionnelle extérieure à l'université, ils n'attendent de leur enseignement qu'un revenu symbolique et le droit d'inscrire leur charge de cours dans leur curriculum. Si, d'autre part, ils en sont à la rédaction de leur thèse de doctorat et s'ils ont déjà à demi conquis un poste de professeur permanent, ils s'accommodent avec insatisfaction, mais sans trop d'impatience d'un salaire dérisoire.

Les vraies difficultés commencent avec ceux qu'un témoin vient de regrouper dans une «caste monstrueuse». Ceux-là n'ont le plus souvent comme revenus que la pitance offerte par les universités aux chargés de cours. Ils ne peuvent pas non plus compter à brève échéance sur un poste de professeur permanent. Ceux-là militent donc pour que le statut de chargé de cours débouche enfin sur une rémunération nettement plus substantielle et pour que leurs précédentes expériences de chargés de cours leur vaillent une sorte de permanence ou, à tout le moins, la préséance lors de l'attribution des prochaines charges de cours. Pour le meilleur et pour le pire, cette dernière catégorie de chargés de cours, d'emblée la plus malheureuse, est aussi la plus nombreuse.

*Une caste «monstrueuse»*

À peu près toutes les administrations universitaires ont agi jusqu'ici dans ce dossier avec une extrême imprudence, comme le notait notre premier observateur. Par souci d'économie à la petite semaine, on a laissé le groupe des chargés de cours «permanents et malheureux de l'être» établir et élargir sa tête de pont. On se retrouve aujourd'hui avec un groupe syndiqué et suffisamment organisé pour enlever à l'université une large part de sa marge de manoeuvre. Il est exact, comme le signalait encore une fois notre interlocuteur, que les universités vont désormais embaucher plus volontiers des professeurs permanents et qu'elles élimineront donc peu à peu la «caste honteuse», mais elles n'auront réglé là qu'une partie du problème.

*Un groupe organisé...*

*...qui désorganise parfois*

L'autre partie du problème, c'est que l'université a et aura encore besoin des autres catégories de chargés de cours et qu'elle ne pourra plus les embaucher librement. Encarcanée, en effet, dans de bizarres règles de préséance et d'ancienneté, l'université a perdu au moins en partie la possibilité d'embaucher librement les compétences extérieures qui sont toujours nécessaires et qui, dans certains cas, sont strictement irremplaçables.

Certaines universités, qui avaient appris à ne pas jeter tous les chargés de cours dans le même sac, ne peuvent que regretter cette déplorable évolution du dossier. On peut penser ici à Concordia.

> Il n'y a aucun doute que le nombre de professeurs réguliers [...] est insuffisant pour maintenir des ratios professeur-étudiants normalement considérés comme étant indicatifs d'un enseignement de qualité. Cependant, je pense qu'il faut beaucoup nuancer cette affirmation. Premièrement, si je prends l'exemple de Concordia, la situation est très différente d'une faculté à une autre... On a à peu près 730 professeurs réguliers alors qu'on a 820 chargés de cours ou professeurs à temps partiel, et le nombre d'heures d'enseignement donné par des chargés de cours est légèrement inférieur à 50 %.
>
> Cependant, dans ce bloc de chargés de cours, vous avez effectivement une proportion de personnes qui apportent un renouvellement à l'enseignement. Ce n'est pas nécessairement un renouvellement par le biais de la recherche, comme c'est compris pour un professeur régulier à l'intérieur, mais c'est un renouvellement parce que cette personne est à l'extérieur. Elle voit des développements dans le secteur privé au sein de sa profession, etc. (CE, p. 896).

Un collègue de la même université ajoutait une touche concrète:

> Si je pouvais ajouter qu'en 1978 j'ai eu l'occasion de faire le tour de plusieurs écoles de génie en France. La première école qu'on a visitée était Ponts et Chaussées. La première question qu'on pose: «Quel est le nombre de professeurs à temps plein que vous avez?» «Zéro». Par contre, Ponts et Chaussées est reconnue comme étant la

meilleure école d'ingénierie de France. C'est un honneur d'être invité à enseigner à temps partiel à Ponts et Chaussées. Donc, ce sont tous des chercheurs de qualité, de renommée qui viennent y enseigner.

La question des professeurs à temps partiel par rapport aux professeurs réguliers est complexe, c'est vrai. Nous avons, par exemple, à notre faculté de génie informatique, le directeur de la recherche de CAE qui est professeur à temps partiel. M. Whyte disait qu'il est bon de les avoir. Il faut les avoir, mais si on le fait parce qu'on est obligé, c'est une tout autre question (CE, p. 896-897).

---

*Créer un climat*

Ainsi des nuances émergent et des mythes prennent du plomb dans l'aile. Oui, la recherche apporte tellement à l'enseignement qu'une université doit veiller à ce qu'il s'en fasse *au point de créer un climat*. Non, la recherche formelle n'est pas le fait de chaque professeur et de chaque professeure, même s'il faut souhaiter que tous les enseignements soient, au sens fort du terme, irrigués par une certaine recherche. Oui, la recherche formelle relève plus naturellement des professeurs à plein temps que des enseignants de passage, mais il faut aussi garder en mémoire, d'une part, que la vie d'un praticien l'amène souvent à de véritables activités de recherche et, d'autre part, que l'université serait bien folle de fermer ses portes aux chercheurs du secteur privé qui sont prêts à féconder la recherche universitaire par leur recherche appliquée.

*Participer à la mission*

Aujourd'hui encore, même si une partie du lait est déjà répandu, on suivrait donc un cheminement plus fécond si, au lieu d'entourer de mépris des collaborateurs qu'on paie mal et dont on obtient quand même beaucoup, on aidait les diverses catégories de chargés de cours à participer davantage à la mission universitaire. Même si, en effet, on peut prévoir une diminution de leur nombre par l'action combinée de la décroissance des inscriptions et d'une réorientation du recrutement universitaire, il faut s'attendre à ce que des centaines de chargés de cours continuent pendant des années encore à jouer un rôle important dans l'enseignement universitaire.

Que les gestionnaires des institutions, dont les problèmes et l'imprévoyance ont conduit à la situation actuelle, admettent au moins ceci et en tirent leçon: si on avait embauché les chargés de cours avec plus de discernement et si on les avait mieux payés, peut-être aurait-on évité cette syndicalisation qui renforce aujourd'hui la «caste monstrueuse», mais qui ne contribue aucunement à un meilleur accomplissement de la mission universitaire.

# 11

## Universités en régions et diplômes en tranches

Il faut au moins mentionner deux aspects encore de l'activité universitaire: la dimension régionale et la formation courte. Dans le premier cas, c'est l'Université du Québec qui est plus directement visée; dans le second, c'est la conception traditionnelle du diplôme universitaire qui subit l'examen.

Que le réseau de l'Université du Québec ait répondu à un besoin, cela ne devrait même plus faire de doute. D'une part, des jeunes et des adultes ont accédé à la formation universitaire aussitôt qu'elle leur a été offerte en région, alors qu'ils n'auraient jamais osé y songer antérieurement. D'autre part, l'existence d'établissements universitaires en région a permis à la curiosité scientifique de s'intéresser enfin à des aspects de la réalité québécoise jusque-là négligés ou ignorés carrément par les universités établies dans les grands centres. On peut penser ici aussi bien à l'océanographie qu'au développement régional lui-même.

*Le prix à payer*

Il y a, cependant, un prix à payer si l'on veut contenir l'extension d'un réseau universitaire à l'intérieur de certaines limites. Il faut, par exemple, pousser la coordination suffisamment loin pour empêcher l'implantation coûteuse et inutile de «Brasilias universitaires» dans des villes de 30 000 ou de 40 000 habitants. Il faut aussi développer chez le personnel enseignant comme chez les gestionnaires un sentiment d'*appartenance au réseau* assez fort pour contrebalancer les inévitables tendances centrifuges. Si l'on n'y parvient pas, chaque constituante régionale voudra décerner des doctorats dans toutes et chacune des disciplines universitaires, ce qui, bien sûr, ne tient pas debout. Si l'on n'y parvient pas, d'autre part, chaque constituante en région verra ses professeurs, en commençant par les meilleurs, succomber les uns après les autres à l'attrait des grands centres. Que ces risques ne se soient pas massivement matérialisés témoigne déjà en faveur de l'expérience régionale.

*L'Université du Québec: un bilan de la coordination*

Quel bilan doit-on donc dresser de la coordination tentée par l'Université du Québec? Somme toute, un bilan pas mauvais du tout. Oui, il y eut des tâtonnements. Oui, il y eut de regrettables dédoublements. Oui, l'esprit de clocher a parfois alimenté plus que nécessaire l'ambition de telle constituante. Oui, ainsi que le constatait le rapport Angers, il y eut des périodes où les constituantes régionales dénonçaient de façon virulente les tendances centralisatrices du siège social de l'Université du Québec.

Pourtant, l'ensemble a fini par prendre sa vitesse de croisière et l'appartenance au réseau a fini par imposer une certaine modération à presque toutes les constituantes. À tel point que le siège social de l'UQ, dont le «rapport des sages» suggérait l'abolition, a pu, devant la commission parlementaire de 1986, faire témoigner ses constituantes régionales en faveur de son maintien. On est même entré dans une période de plus grande harmonisation qui devrait conduire sinon à la fusion de certaines constituantes, du moins au regroupement plus rationnel de certains programmes. Tout cela, beaucoup plus grâce à l'élévation d'esprit des gestionnaires de l'Université du Québec qu'à la suite de pressions gouvernementales.

Un tel cheminement est si important qu'il faudra veiller maintenant à ceci: que l'influence croissante des «socio-économiques» à l'intérieur des diverses constituantes régionales ne renforce pas les tendances centrifuges. Il ne faudrait pas non plus que ces gestionnaires issus de la société, mais nommés par le gouvernement, contribuent à hyperspécialiser les universités régionales. Comme, dans certains cas, la tentation est déjà forte chez les universitaires eux-mêmes de s'aligner un peu trop servilement sur les besoins industriels régionaux, une tentation de plus serait de trop.

Il faudra, ici encore, vérifier l'arrimage entre le cégep et l'université. Dans un Québec qui compte sept universités, mais dix-neuf établissements universitaires, est-il normal de n'avoir que quarante-quatre cégeps? Déployer le réseau universitaire autant qu'on le fait sans avoir déployé davantage le réseau collégial, est-ce vraiment procéder de façon pédagogique et économique? Les universités n'ont-elles pas déjà tendance, peut-être parce que les cégeps n'ont pas toujours rejoint le «Québec profond», à aller offrir en région des services de niveau collégial? Autant de questions qui révèlent avec quelle vigilance il convient de surveiller un réseau universitaire étonnamment diversifié pour une population de six millions.

*L'arrimage entre le cégep et l'université*

On est porté à juger de façon aussi prudente la certification à laquelle s'adonnent présentement les universités québécoises et surtout certaines d'entre elles.

*Multiplication des certificats...*

Les universités qui sont implantées depuis plus longtemps et chez qui la tradition est plus forte observent avec

129

un certain dépit la montée des études universitaires «à la carte». On ne comprend pas, en ces milieux, que des gens puissent obtenir un quelconque certificat alors qu'ils n'ont séjourné dans les murs de l'université que fort peu de temps. C'est, à leurs yeux, déprécier la formation universitaire que de l'offrir ainsi à rabais. Un diplôme universitaire couronne un cheminement et on a tort d'en morceler le contenu et de le vendre en tranches minces.

*...rentabilité*     À ces durs verdicts «culturels» s'ajoute évidemment la préoccupation budgétaire: on s'objecte vertement à ce qu'une partie des fonds dévolus aux universités servent à financer une contrefaçon douteuse de la formation universitaire. Il semble, en effet, que la multiplication des certificats soit rentable de plus d'une manière. Parce que le public qui vient chercher ces certificats paie plus cher par crédit que l'étudiant à temps complet. Parce que les certificats se multiplient surtout dans les secteurs ou les disciplines qui exigent le moins d'investissements de la part des universités. Parce que l'admission d'étudiants rentables à temps partiel permet quand même à l'université de faire état (tranche par tranche!) d'un plus grand nombre d'inscriptions et d'obtenir de l'État un financement supérieur...

*Certifications moins ambitieuses*     Un fait, sur lequel les universités plus traditionnelles n'ont aucun contrôle, pèse cependant très lourd dans la balance: les étudiants à temps partiel se multiplient et, avec eux, les programmes conduisant plus rapidement à des certifications moins ambitieuses. Des milliers de personnes vont donc chercher à l'université les quelques cours ou les quelques crédits qui leur paraissent utiles pour leur travail ou leur culture. Cette portion de l'activité universitaire est même devenue si importante que la façon de comparer les universités s'est modifiée: pour s'y retrouver, on ne parle plus du nombre d'étudiants inscrits, mais du nombre d'«étudiants équivalent temps complet».

Malgré toutes les objections des tenants de la formation universitaire classique, cette utilisation de l'université à des fins plus ponctuelles et plus circonscrites correspond visiblement à des besoins. En outre, elle s'intègre aisément dans une conception démocratique de l'université. Au nom de quoi, disent en effet les défenseurs de cette formule, faudrait-il réserver le savoir supérieur à ceux et à celles qui peuvent, grâce à des ressources personnelles ou familiales, consacrer plusieurs années complètes aux études universitaires? Au nom de quoi, d'autre part, faudrait-il obliger les personnes qui ne veulent qu'un bloc de cours à ingurgiter aussi une masse de cours dont ils ne veulent pas?

La réplique des universitaires «classiques» est cinglante. Ils notent qu'un diplôme universitaire se déprécie si quelqu'un peut, en accumulant des cours de première année sous forme de certificats divers, obtenir ce diplôme sans jamais subir les exigences des deuxième et troisième années. Ces universitaires affirment également que l'université ne doit pas être ainsi réduite à un certain volume de cours et de crédits. Il faut, en plus d'accumuler des cours et des crédits, *vivre* à l'université pendant assez longtemps si l'on veut en sortir avec un cerveau formé et avec cet esprit critique qui est la marque de l'université.

*Réplique des universitaires «classiques»*

Ces universitaires ont théoriquement raison. Cependant, ils se donnent tort eux-mêmes en raison de leur pratique. Quand, en effet, l'enseignement de premier cycle est donné, dans une proportion d'au moins 50 % par des chargés de cours qui, eux aussi, «ne font que passer à l'université», il est difficile d'exiger des étudiants qu'ils consacrent plus de temps à la vie universitaire qu'une moitié de leurs professeurs. Pire encore, les programmes

*À tort ou à raison*

sont devenus si morcelés, si étroitement axés sur une seule et unique discipline, que les étudiants, on l'a vu, n'entrent pas en contact avec une université ou une vie universitaire, mais avec tout au plus un certain ghetto. Dans un tel contexte, le certificat et l'université «à la carte» ne sont que des retombées peut-être inattendues et peut-être douteuses d'un dérapage universitaire infiniment plus inquiétant. S'il faut ramener l'université à sa mission fondamentale de «former la relève scientifique», c'est par les cours réguliers que doit s'amorcer la réforme. Lorsque la différence de formation entre l'étudiant régulier et l'étudiant de passage sera suffisamment manifeste, les «visiteurs» seront plus tentés de devenir de véritables pensionnaires. Nous n'en sommes pas là!

Il convient cependant, comme à propos de l'activité régionale des universités, de suivre de près l'évolution des choses. La multiplication des certificats révèle probablement l'affadissement de la formation de base offerte par les universités, mais elle n'est pas elle-même un substitut à la formation de base. Comme quoi «deux torts n'égalent pas un droit»...

Il n'est pas dit, par ailleurs, que tout soit bien défini dans le contenu de chaque certificat. Dans certains cas, l'artifice est même patent. On puise dans les programmes existants, on en tire des éléments disparates et on présente cette macédoine comme un «cours» inédit. L'astuce permet de renouveler les titres des certificats et de les mettre au goût du jour, mais elle multiplie les risques de fausses représentations.

*Remise en question*  En somme, dire que la mission centrale de l'université est de former la relève scientifique, ce n'est pas dire que l'université appartient exclusivement aux jeunes et ne doit tenir compte que d'eux et de leurs phantasmes. Les générations, on le sait, naissent et disparaissent à un rythme accéléré, ce qui contribuera certainement à installer sur les mêmes bancs des «jeunes» de 20 ans et des «vieux» de 25 ans. D'autre part, notre société range si vite au rang de «connaissances de rebut» ce qui était, tantôt encore, la base même du savoir qu'il faudra bien considérer comme une relève tous ceux et toutes celles qui sont prêts à remettre leurs connaissances et leurs certitudes en question.

Qu'on ne rejette donc pas d'un revers de main l'enseignement universitaire atomisé et interminable que réclament ces «vieux» de 30 ou 35 ans, voire davantage. Qu'on s'efforce plutôt de leur offrir, à eux comme aux plus jeunes, une pédagogie adaptée. Qu'on s'efforce aussi de les intégrer, eux comme les plus jeunes, à une véritable vie universitaire. Si, en effet, les certificats paraissent ne transmettre qu'une partie de la richesse universitaire, la faute n'en est pas à ceux ou à celles qui, comme les plus jeunes, pensaient entrer en contact avec une université et qui n'ont trouvé qu'une série de ghettos parallèles et étanches.

*Véritable vie universitaire*

# *En guise de conclusion*

Un examen même superficiel de l'université québécoise conduit donc à déborder la perspective plutôt étroite qu'avait adoptée la commission parlementaire de 1986. N'en déplaise, en effet, aux membres et aux témoins de cette commission, le sous-financement des universités n'est pas aussi patent et généralisé qu'ils nous l'affirmaient. Il ne constitue surtout pas, par ailleurs, le seul problème dont les universités devraient débattre.

On peut même penser, après ce survol forcément simplificateur, que l'université pourrait, en montrant un certain courage administratif, atteindre d'un seul et même effort deux objectifs différents: d'un côté, une meilleure santé financière et, de l'autre, une meilleure performance culturelle.

*Montrer un courage administratif*

Ainsi, la *modulation de la tâche* permettrait aux universités, sans addition notable de ressources, d'améliorer leur efficacité aussi bien au chapitre de l'enseignement proprement dit que dans le secteur de la recherche.

*Prendre les décisions qui s'imposent*

D'autre part, la société québécoise a certainement le droit d'exiger, avant tout nouvel effort fiscal en faveur de l'enseignement postcollégial, que les universités procèdent à un *sérieux examen des programmes existants*. Chaque programme inutilement maintenu constitue un gaspillage de ressources dont le public n'a pas à faire les frais. Ou bien l'université restaure à tous les niveaux sa capacité de décision, ou bien les bailleurs de fonds auront le droit (hélas!) de procéder eux-mêmes aux décisions. Car il faut que des choix s'effectuent, que des cours et des programmes naissent et que des cours et des programmes meurent, que des oui et des non soient transmis aux commanditaires de l'extérieur, que les évaluations des enseignants et des projets de recherche répondent à des critères sérieux et qu'elles entraînent des conséquences, etc. Que de tels coups de barre exigent du courage, c'est l'évidence même.

*Un véritable pluralisme et une authentique formation*

Il ne s'agit pourtant pas de consentir pour des motifs pécuniaires à un rétrécissement de la mission universitaire. C'est même l'inverse qui est vrai. En s'attaquant sérieusement aux sujets délicats que sont la modulation de la tâche et l'élimination des programmes inutiles, l'université se rapprocherait, en effet, de deux objectifs de *contenu* qui semblent aujourd'hui hors de sa portée: un véritable pluralisme et une authentique formation.

> [...] il existe au Québec non pas une, mais des philosophies de l'éducation, des conceptions de l'homme et des conceptions de la société. On admet qu'il existe des divergences: mais on veut faire croire qu'en les réduisant à des détails sans importance ou à des opinions personnelles, on a réglé le problème. On répète qu'il faut parvenir à des consensus, mais quand on refuse la pluralité des valeurs, cet impératif conduit à des **unanimismes** de commande. On a peur des conflits: on oublie que c'est **l'uniformité à tout prix** qui en ce moment fait surgir les plus grands problèmes (Rapport Angers, Comité d'étude sur la formation et le perfectionnement des enseignants, p. 11).

Le courage administratif substituerait aussi la formation à la dispersion actuelle. Dans un texte de 1968 dont le rapport Angers cite la substance, Fernand Dumont définissait les éléments de cette formation. Non seulement le texte n'a pas vieilli, mais la dérive actuelle lui confère des accents prophétiques. Dumont, en effet, y réclamait des maîtres qu'ils fassent de l'élève «un critique et un héritier». Cela, bien sûr, invite l'université à se concentrer sur la profondeur plus que sur l'addition de notions éparses.

*Faire de l'élève «un critique et un héritier»*

> Être critique signifie pouvoir discerner entre les modes temporaires et les vraies prémisses de l'avenir, écarter les broussailles des informations hétéroclites pour retrouver les données essentielles, faire dialoguer les opinions avant de prendre parti, ne pas renoncer à sa liberté quand on épouse une idéologie, n'admettre des résultats qu'après avoir examiné les démarches qui y ont conduit. Quant à faire de l'élève un héritier, cela ne consiste pas à lui transmettre l'héritage organisé des temps anciens, mais à lui communiquer l'art de récupérer d'une façon critique les valeurs du passé et à lui «redonner le sens des genèses» (*Ibid.*, p. 15).

En somme, une université québécoise plus apte au pluralisme et à une formation solide ne serait peut-être pas une institution plus coûteuse. Cela vaut la peine d'être examiné.

# Bibliographie sommaire

Bloom, Allan. *L'âme désarmée, Essai sur le déclin de la culture générale*, Montréal, Guérin Littérature, 1987. 332 p.

Commission royale d'enquête sur l'enseignement dans la province de Québec. *Rapport de la Commission royale d'enquête sur l'enseignement dans la province de Québec.* (Rapport Parent). Québec, la Commission, 1963-1966. 3 tomes en 5 vol.

Daoust, Gaétan et Paul Bélanger. *L'université dans une société éducative*, Montréal, Presses de l'Université de Montréal, 1974. 244 p.

Desrosiers, Richard. *Le personnel politique québécois.* Montréal, Les éditions du Boréal Express, 1972. 142 p. Collection «Études d'histoire du Québec», n° 3.

Faure, Edgar *et al. Apprendre à être*, Paris, Fayard, Unesco, 1972. 368 p.

Québec (Province). Assemblée nationale. Commission permanente de l'éducation. «Consultation générale dans le but d'évaluer les orientations et le cadre de financement du réseau universitaire québécois», *Journal des débats*, 16 septembre – 21 octobre 1986.

Québec (Province). Commission d'étude sur les universités. *Rapport, mai 1979*. (Rapport Angers). Montréal, Secrétariat de la Commission, 1979. 4 vol.

Seguin, Fernand. *Le sel de la science*, Québec, Québec-Science Éditeur, 1980. 131 p.

Université Laval. Comité de développement et de planification de l'enseignement et de la recherche. *Un projet de réforme pour l'Université Laval*. (Rapport Roy). Québec, Université Laval, 1968. XI, 170 p.

Université Laval, Québec. Commission d'étude sur l'avenir de l'Université Laval. *Pour la renaissance de l'Université Laval. Rapport de la Commission d'étude sur l'avenir de l'Université Laval*. Québec, la Commission, 1979. 347 p. (Président: Léon Dion).

# Table des matières

Introduction. . . . . . . . . . . . . . . . . . . . . . . . . . . .  7
1. L'ambivalence du premier coup d'oeil . . . .  11
2. Une mission en forme d'auberge espagnole  19
3. L'enseignement serait-il seulement un mal nécessaire?. . . . . . . . . . . . . . . . . . . . . . . . . .  31
4. L'hommage à la recherche est-il surtout verbal?. . . . . . . . . . . . . . . . . . . . . . . . . . . .  39
5. «Liberté, liberté, que de crimes...» . . . . . .  51
6. Une charge de travail quelque peu embrouillée. . . . . . . . . . . . . . . . . . . . . . . . .  61
7. Mais que vise le premier cycle?. . . . . . . . . .  81
8. L'extérieur est-il un test ou une tentation? .  99
9. L'accès à l'université: une question d'argent?. . . . . . . . . . . . . . . . . . . . . . . . . . .  111
10. Le chargé de cours: monstre ou victime? . .  121
11. Universités en régions et diplômes en tranches. . . . . . . . . . . . . . . . . . . . . . . . . . . .  127

En guise de conclusion . . . . . . . . . . . . . . . . . . .  135

Bibliographie sommaire. . . . . . . . . . . . . . . . . . .  139

## Dans la même collection

*Laurent Laplante*
**Le suicide**

*Jacques Dufresne*
**La reproduction humaine industrialisée**

*Gérald LeBlanc*
**L'école, les écoles, mon école**

*Jean Blouin*
**Le libre-échange vraiment libre?**

*Jacques Dufresne*
**Le procès du droit**

*Michel Plourde*
**La politique linguistique du Québec (1977-1987)**

*Vincent Lemieux*
**Les sondages et la démocratie**

Achevé d'imprimer à Montmagny
sur les presses des Ateliers Marquis Ltée
en novembre 1988